日本戰略研究論壇 著

林彥宏、徐浤馨 譯

# 粉碎中國野心

## 共建台日聯合防線

# 「台灣安保叢書」總序

亞太區域如何維持和平面臨嚴重的挑戰，中國近年來在南海的軍事擴張已造成美中衝突的可能危機，美國則希望中國不能片面改變南海現狀才有和平，雙方對峙是上一世紀九十年代冷戰結束以來，超強國家面臨直接衝突的危機。如何維持台海和平並不是台灣與中國「一對一的關係」，進一步來探討時，就不難認識到台海和平是亞太區域安全非常重要的一個環節。台灣絕非是一個被孤立的國家，最近中國與美國在亞太區域逐步提升對峙，兩岸如何維持台海和平，台灣如何積極與中國對話，使台灣在亞太區域的戰略地位更為重要。

中國解放軍海軍從西元2000年以前僅具在中國海域活動的能力，到2004年11月中國核潛艇首度在日本領海潛航；2008年10月解放軍海軍首次穿越第一島鏈，此後逐年穿越日本輕津海峽、宮古海峽、沖之鳥島海域、大隅海峽、宗谷海峽等。足見解放軍海軍在東海、太平洋間出入路線的多樣化與越來越強的大洋巡航能力。在東海與西太平洋如此，在南海爭議海域情況也相同。解放軍趁著2013年與菲律賓在黃岩島之爭佔上風後，在南海爭議海域的動作也越來越大。2014年五月間中國不僅開始在南海具有爭議包括赤瓜礁在內的數個島礁填海造陸，以擴大實質控制權，並大動作在西沙群島實施海洋石油鑽探作業，還經常運用漁船進行群體干擾戰術。

美國於2012年6月由美國國防部長潘尼塔（Leon Panetta）宣

稱美國在亞洲的軍事力量提升，提出「再平衡政策（Rebalancing Policy）」，開始擴充在亞洲的軍事力量。在2020年之前，美國海軍船艦由目前50%的海外軍事力量增加到60％部署在亞洲，包括六個航母戰鬥群，多數的巡防艦、濱岸戰鬥艦以及潛艦，並增加東海、南海以及印度洋的亞洲軍演次數，表達美國在亞洲提升海軍佈署是基於「Rebalance」（軍事力量的再平衡）。換言之，從日本到東南亞以及印度洋，美國決心提升同盟國的參與並保證美國提升海軍力量維護包括印度洋的亞太區域安全。

2015年8月20日，美國國防部公佈「亞太海事安全策略（Asia-Pacific Maritime Security Strategy）」，提出透過四個面向來維持亞太區域的安全。亦即，（1）強化美軍的軍事能力，以便成功嚇阻衝突與威脅；（2）與東北亞到印度洋的盟邦及夥伴合作，強化其能力；（3）利用軍事外交來建立更透明化的遊戲規則；（4）強化區域安全組織，並鼓勵發展更公開且有效的區域安全架構。這份報告表示，美國加強軍事佈置不僅止於南海，而是涵蓋從東北亞、東海，包括台灣海峽、東南亞以至印度洋的亞太區域安全。這明顯是要全面性提升防範中國企圖改變現狀的抑制力量，希望盟邦也不惜一切努力共同維護亞太區域的和平與秩序。

然而，由於受到憲法和法律的嚴格限制，日本自衛隊並不是如正常國家的軍隊是按照軍法而行動，而是必須遵守類似警察法的自衛隊法。為突破此一障礙，安倍晉三首相於2014年7月1日以內閣決議容許集體自衛權的部分行使，這是日本第一次決定要部分行使這項權利（雖然還是只限於非常有限的範圍）。在二次大戰結束後的日本憲法第九條規定日本永久放棄以武力解決國際紛爭的手段，也就是雖然有日美同盟，即使美軍受到攻擊，日本也不能參戰。這一次的安倍內閣通過「集體自衛權」的閣議，表示只要在這些海域威脅到日本的國家利益，日本便可以跟美軍並肩作戰，共同行使集體防衛，這是日本戰後六十餘年以來，踏出「讓日本早日成為正常國家」的第一步。

日本首相安倍2015年4月底訪問美國，此行目的之一是美日安保防衛指針再修正。此行基本上對美國的亞太再平衡戰略做出新的定義，改變美日同盟的互動關係，同時大大提升日本的全球角色，並有著取代英國成為美國最重要全球戰略盟友的意味。2015年防衛合作新指針有兩點相當突出，首先，它明確提到美國會提供包括核武力量在內的嚇阻能力以協助日本（The United States will continue to extend deterrence to Japan through the full range of capabilities, including U.S. nuclear forces）。其次，2015指針強調美日同盟的防衛合作是從和平到戰爭的連續狀態（from peace time to contingency），加入在1997年不存在的「灰色地帶（Gray Zone）」對應處置，以及以全政府途徑（Whole of Government Approach）處理。

為落實此項政策，安倍政府必須進行安保法制的修改。換言之，填補這樣的安全保障漏洞與不合理狀況，是此次和平安全立法的意義。解禁集體自衛權後，美國與日本安保於2015年4月將「防衛合作新指針」再強化，安倍晉三首相進一步修改、整合10個舊安保法制，為「國際和平支援法」與「和平安全法制整備法」的新安保法體制。重要的是，日本自衛隊與美軍間的合作關係將更加順暢，如此將使得同盟關係愈加堅固，而更有效的日美合作模式，愈能為亞太和平穩定做出貢獻。

台灣安保協會是以促進台灣、美國、日本民間之安全保障對話，增進三國學術交流暨亞太和平為宗旨，希望促進台灣、美國、日本民間之安保對話與學術交流；進行亞太和平與國際安全保障體系之政策研究。為此，本協會計畫出版一系列與台灣國家安全與外交政策相關之「台灣安保叢書」，台灣的安全保障是每一位台灣人應該共同關心的問題，期待「台灣安保叢書」系列的出版能夠收到兼具知識與教育的效果，能夠讓更多台灣人獲取正確且全盤的台灣安全保障理論。

台灣安保協會名譽理事長　羅福全

# 原序

台灣的動向是讓亞太地區的權力平衡產生很大變動的因素之一，這會影響到日本在安全保障和防衛上的生死存亡問題，因此日本和台灣存在密不可分的命運共同體的關係。

中國堅持以「台灣是中國的一部分，台灣問題是中國的內政問題」做為基本原則，「一個中國」原則是做為中、台之間協商的前提和基礎，而且中國表明絕不放棄以和平統一做為努力的目標，同時宣稱台灣是中國的「核心利益」，對於兩岸的統一問題，更是強烈反對外國勢力的介入和台灣獨立運動，並且制定不放棄行使武力的《反分裂國家法》。

對於東亞的安全保障而言，台灣是擁有極重要地理位置的國家，台灣未來的動向不只影響到日本，甚至會大幅影響到亞太地區的安全。

就阻止中國的擴張來說，就要控制中國進出海洋，而若要控制中國進出海洋，那麼支持防衛戰略位置絕佳的台灣，日美合作就成為必要且不可或缺的存在。然而，雖說日本在美日台所形成的安全保障三角關係中占有重要地位，但是關於台灣問題卻採取避免過度干涉並且迴避責任的態度。

在中台之間，由於中國急速擴增軍備，兩岸的軍事平衡已經持續傾向對中國有利，特別是揭櫫對中和解政策的馬英九政府對中國傾斜，使得台灣大幅提高對中經濟的依存度，而中國利用這種傾斜不平衡的經濟關係，持續對台發動統一攻勢。美國在亞太地區提出「重返亞洲（pivot to Asia）」，開始謀求對中戰略的再平衡（rebalancing）政策，目前日本正在進行與美國新戰略的融合，同時更加深化同盟關係，而強化日美台三角關係是一項至關重要的課題。

另一方面，因為美國歐巴馬總統的指導性不足，加上財政困難和國防預算大幅被削減，作為超級大國的國力和地位相對滑落等的因素，美國面臨前所未有的困境。在這種情況下，日本在此區域做為美國的主要盟國，積極參與發揮深化和促進安全保障合作關係的主導權，對於抑制中國威脅擴大、確保地區和平與安定，是極為重要的事情。

在思考防衛日本領土和海洋權益以及確保航行自由問題時，與周邊國家（特別是台灣）建構緊密的戰略關係是必不可缺的。日本戰略研究論壇（JFSS）過去已經由日美雙方共同舉辦過兩次關於海洋安全保障的國際研討會，提出「為對抗中國向南海以及周邊海域的擴張行動，日美台三國要強化政治性軍事性的結合，同時應該以日美同盟為基軸進行和中國周邊各國的安全、防衛合作」之政策建言。

再者，日本戰略研究論壇從前述問題意識，以「日本的安全保障和台灣」為題，集合區域安全保障和軍事問題的專家學者，在2013年4月發起成立「日台戰略研究會」，其後定期舉辦研究會，其間並訪問台灣，與台灣各大智庫進行共同研究和現地調查。當時我們所感受到印象是，台灣面對巨大中國的無力感，也沒有自我防衛的決心，但在唯恐被中國併吞的同時，卻對於日本抱持極大的期待。日台雙方交換對於中國的想法和對日本的期待等意見，努力進行深入和廣泛的研究，本書便是整理這次意見交換的研究成果發表。

# 目次
CONTENTS

# 第一章　台灣的概況和現狀

## 前言

所謂國家，必須具備領土、人民、主權和統治機關之有機組織體，而現代國家的統治機關，一般是由立法、行政、司法三權分立所組成。也就是說，住在該領土範圍內的國民制定法律，基於該法律對人民實施行政，若有違反法律之嫌，則由司法機關做出有罪無罪的判決，這樣的有機組織體就稱為國家。另外，具有國際法人格的主權國家，也就是具備外交能力的國家。

所謂外交能力，意指可以締結條約，不從屬於外國，能夠自主處理外交關係的能力。換言之，一個地域若要成為主權國家，就有必要從其他主權國家獲得承認（國家承認），而在成為主權國家之後，就能加入各種國際組織。台灣問題的複雜性，其背景在於和台灣有邦交的國家，會將台灣作為主權國家來處理，和台灣無邦交的國家，就將台灣作為中國的一部分來處理，台灣在法理上的地位並未得到承認。

台灣位處日本南方、中國大陸的東方，面積約36,191平方公里，人口總數約是2,337萬人（2013年12月）。中華民國（台灣）政府雖表示治權及於全中國大陸，但實際統治範圍包含台灣本島及其附屬島嶼、澎湖列島、中國福建省沿岸的金門島和馬祖列島及南海的東沙群島和部分的南沙群島等。首都位於台北，到2013年12月為止，人口數大約是267.3萬人，而其他主要都市人口數，如新北市約393.9萬人、高雄市約277.9萬人、台中市約268.5萬人。

「台灣」並不是台灣國，按照中華人民共和國的主張，只不過是一個叫做台灣省的地方行政單位而已，然而戰後中國事實上從來也沒有真正的統治過台灣。如後所述，目前世界上雖有22個國家承認台灣，但是這些給予外交承認的邦交國，並非是承認台灣，而是承認繼承清帝國、領土包含中國大陸、代表中國這個主權國家的中華民國。

二次大戰結束後，中華民國國內爆發中國國民黨和中國共產黨之間的內戰。其後，中國國民黨節節敗退，幾乎喪失絕大部分中國大陸主權的「國土」和「國民」。中華民國將政府從南京遷移到台北，並將台灣島民視為中華民國國民，關於國土則高喊「反攻大陸」的口號，企圖恢復已經失去的大陸統治權。

中國共產黨及其軍隊在1949年10月1日建立中華人民共和國，之後中華民國（台灣）和中華人民共和國（中國）雙方爭執統治的正統性和聯合國的代表權。從二次大戰之後到1970年代，中華民國作為聯合國的常任理事國，並與美國簽訂《中美相互防禦條約》，扮演作為西方各國對付共產主義的前進基地角色。但是，不久之後聯合國中國代表權由共產中國取代，伴隨著北京與日、美兩國建交，中華民國面臨生存的外交困境。時至今日，美國特別以國內法的《台灣關係法》和以日美安保體制為主的安全保障合作，擔保台灣維持目前的地位現狀。

在國共內戰中失敗而撤退到台灣的中華民國，在1987年解除軍事體制下的戒嚴令，同時放棄反攻大陸。但即使如此，在1990年代仍殘留對中國的敵對氣氛。當時可說是從「不想被中國統一」的時代，過渡到「不要被中國統一而要深化經濟關係」的時代，儘管中國一再強烈呼籲「想要深化和台灣的政治關係」，但目前就是「想要維持現狀」的時代。

若提及台灣，就法理立場而言，是（1）以包含中國大陸領域的中華民國做為主權國家，（2）是中國的一個地方行政單位，其版圖限定在目前的中華民國，或是（3）以獨立國家為目標的台灣，這三者混合存在。另外附帶一提的是，本書所言的台灣，只要沒有特別異議，也就意指現在中華民國的版圖，除此之外，則使用歷史上所出現的國名來表示。

## 一、台灣的歷史

### （一）歐洲列強的台灣統治

概觀台灣的歷史，歷經荷蘭統治時期、鄭氏王朝時代、清國統治時期、日本統治時期，到1945年10月15日蔣介石根據聯合國盟軍最高司令官總司令部（簡稱盟總、GHQ）所發佈的一般命令第一號，指揮中華民國軍隊進駐台灣接收，中華民國政府自同年10月25日對台灣進行實效統治迄今。

台灣雖然曾是原住民生活居住之島，但葡萄牙人在1544年發現該島之後，台灣便登上國際歷史舞台。當時東海有被稱為倭寇的海盜橫行，明帝國對此等海盜束手無策，同時由於台灣當地瘴癘密布、傳染病叢生，因此追擊倭寇也只到澎湖群島為止。此外，明帝國也以漢人大量移入將使台灣原住民活動區域縮減流失為由，儘可能將漢人活動範圍限定於澎湖群島。

繼葡萄牙人的腳步之後，荷蘭人成立的「東印度公司」，為尋找與日本和中國貿易的中繼地點，乃於1622年占領當時仍為明帝國領土的澎湖群島。明帝國為確保澎湖群島和大陸之間的台灣海峽通航，因此出面與荷蘭交涉。雙方交涉結果是荷蘭人退出澎湖，將其歸還明帝國，改為進佔無主地的台灣。荷蘭人用武力鎮壓抵抗的原住民，同時做為綏靖原住民政策，以基督教來進行教化。同時，荷蘭方面希望中繼貿易能夠運轉成功，從福建省和廣東省沿海各地大量招募漢人做為勞動力，來台灣從事土地開發，實行大規模農地屯墾經營計畫。

稍晚於荷蘭人來台的西班牙人，同樣為了將台灣做為與日本和中國貿易的中繼轉運站，而佔領沒有荷蘭人勢力的台灣北部（基隆、淡水等地），並在該地建立要塞。荷蘭試圖討伐西班牙結果雖沒有成功，但是由於西班牙經營台灣北部做為中繼轉口貿易失敗，就連向原住民宣傳基督教也失敗，再加上西班牙人水土不服而漸漸減少駐台人員等各種因素，終於在1638年從淡水撤退。荷蘭見機不可失，發動攻擊西班牙，最後在1624年攻陷基隆，西班牙就此完全撤出台灣。

荷蘭統治台灣，對原住民施以基督教的教化政策，並以羅馬拼音文字進行語言教育，台灣一直到19世紀仍然深受其影響。在經濟上，因為荷蘭人帶來歐洲的重商主義，台灣本來自給自足以農漁業中心為主的經濟活動，就此進入到真正的商業活動。

## （二）和中國的歷史關係

滿族在中國大陸擴大其勢力，1636年將國名從「後金」改為「清」，同時將朝鮮半島置於其統治之下，威脅著大明帝國。1644年，由於李自成起義攻入北京，導致明帝國滅亡，滿人趁此混亂局面也攻入北京，建立大清帝國。明帝國的忠義之士不甘為外族統治，乃打著「反清復明」的旗號，擁立明帝國宗室建立南明，繼續反清以延國祚，直到1661年被完全鎮壓消滅為止。

原來是東南海商集團的鄭成功，於1661年為確保「反清復明」的據點，就將目標轉往台灣，先攻擊占領澎湖群島的荷蘭東印度公司，其後於1662年將荷蘭逐出台灣。鄭成功將台灣改為「東寧」，建立獨立的政權，推動台灣的開發，但來台還不到一年即病歿。身上流有一半日本血統的鄭成功，在與清帝國軍事抗爭當中，屢向日本要求軍事援助，但當時德川幕府正在整備鎖國體制，為避免參戰變成燙手山芋，於是決定不對台灣進行武力支援。

之後，鄭成功的後繼者偏安一隅，雖仍以撲滅滿清勢力為目標，然而於1683年受到清帝國的攻擊而降伏滅亡，最終鄭氏家族統治東寧歷經三代總共23年。東寧王國國祚雖短，但確立中央集權制度，也確立土地制度、戶籍制度、行政機關等，大致整備完成國家的體制。鄭氏王朝是地處一隅的割據政權，仍奉明帝國曆法，以反清復明為終極目標，關於政策立案和教育也都遵從此項原則實施。

東寧王國以獨立國家身分與英國和江戶幕府進行貿易，和英國東印度公司之間更是締結通商條約。根據英國史料記載，該條約事實上將東寧王國以「台灣王國」登載，有時或是表述為「福爾摩沙王國」。迄今為止的各種史料則是將其名稱匯總到「台灣」的概念上。

## （三）日本的台灣統治

由於朝鮮半島上李氏王國的內亂，加上歐美列強干涉東亞事務等遠因，清日兩國為了朝鮮宗主權問題，於1894年8月1日於黃海開戰。日本見戰局有利，更在隔年3月派兵進占澎湖。清日戰爭以日本取得勝利而結束，雙方最後在1895年4月17日簽訂《馬關條約》，清國將台灣和澎湖群島割讓給日本。日本為接收清帝國所割讓的台灣，任命海軍大將樺山資紀擔任第一代台灣總督。他在1895年5月24日出發航向台灣，29日抵達。但樺山大將並沒有直接從台北登陸，而是從台灣北部海岸鄰近三貂角附近的澳底登陸。

日本統治台灣是從鎮壓台灣人的武裝抗日開始。治台之初，從第一代樺山資紀開始經桂太郎到第三代乃木希典總督，都忙於處理台灣人的武裝抗日。隨著台灣總督府的統治愈趨擴大，就連原住民也發生抗日運動。當時台灣總督府給予台灣住民兩年時間考慮去留問題，期滿後留在台灣者就成為日本國民，但也有選擇賣掉所有財產離開台灣的自由。但是最後選擇離開台灣的人不到當時台灣總人口的1%。

1898年，兒玉源太郎就任第四代台灣總督，同時也任命後藤新平擔任台灣總督府民政長官。後藤設立中央研究所，進行台灣的土地和人口調查，做好整備統治台灣的法律體制。若說日本統治台灣的基礎是由後藤新平依據中央研究所的調查結果所建構的說法並不過言。後藤進行各項事業調查，整備港灣、鐵路、道路、通信網、公共衛生等基礎建設，在農業政策上也因灌溉事業奏效，增加米糖的生產，讓台灣財政得以獨立。

後藤新平正式推動基礎建設的整備，而後來的文官總督時代也繼續承襲其政策。從基隆到高雄的鐵路幹線於1917年開通，水利灌溉事業日益進展，耕地面積擴大，米糖產量得到飛躍性的成長，同時貿易量大增，人口數也達到360萬。之後，鐵路方面陸續開通西部幹線的中部海線、八堵和蘇澳間的宜蘭線、高雄和屏東間的屏東線，而且還進行基隆港的擴港建設和公路網的擴張整備。

在農業用途的水利事業方面，有供應嘉義、台南為中心的嘉南平原的嘉南大圳和供應以桃園為中心的北部平原的桃園大圳。如此一來，水利灌溉幾乎達到全部耕地的55.5%。同時，從第一個發電所——日月潭發電所開始，共建造26個水力發電所，9個火力發電所，大大增加台灣產業的動能。

1941年12月太平洋戰爭爆發後，時任台灣總督的海軍大將小林躋造於就職之初就發布台灣人的「皇民化」、台灣產業的「工業化」，以及將台灣作為進出東南亞的「南進基地化」等基本政策。「皇民化」是以「圖謀澈底的皇國精神，振興普通教育事業，匡正獎勵風土民情和語言，培養素質忠良的帝國臣民」為目的。當時也實施廢止新聞報刊的漢文專欄，推動日本語的使用，廢除寺廟的偶像崇拜，強制參拜神社，禁止台灣風俗習慣的各種儀式等。

在戰時體制下的工業，特別是軍需工業得到飛躍性的成長。戰前在台灣是以製糖業所代表的食品加工業和輕工業為中心，但是台灣成為「南方作戰的兵站基地」之後，軍需相關產業很快地就取得驚人的成長，鋼鐵、化學、紡織、金屬、機械等現代工業都蓬勃發展。1939年工業生產值超越農業生產值，向工業國跨出一大步。同時，伴隨著工業化進展，更進一步推動基礎建設的整備，到日本統治結束的五十年間，建設總長900公里的鐵路、整備大城市的下水道、擴建基隆・高雄港、擴張公共巴士運輸的路網、開設航空路線、展開收音機廣播、普及電話等都一一落實。

然而，日本在第二次世界大戰中戰敗，1945年8月15日由天皇以「玉音放送」向全日本（包括台灣）宣布結束戰爭，日本人很快地從台灣撤回本國。1946年4月13日，最後一任台灣總督安藤利吉大將以戰犯身分遭到逮捕。在被送往上海準備接受審判的途中，安藤總督由於不願受到屈辱而以切腹自殺結束生命。同年5月31日，由天皇勅令廢除台灣總督府，日本統治台灣五十年終告結束。

### （四）中華民國軍事進駐接管台灣

以1911年的辛亥革命為契機，中華民國於1912年1月1日成立，定都南京。當時在北京的大清帝國政府仍然繼續存在，南京臨時政府的孫文和手握清政府授權全權處理的袁世凱交涉，以宣統皇帝退位、袁世凱擔任臨時大總統等做為條件，讓內戰不致於爆發。1912年2月12日，宣統皇帝退位，中華民國政府就此代表整個中國，但擔任臨時大總統的袁世凱卻要求留在北京，在自己的軍事地盤強化專制體制，並且鎮壓反袁勢力的集結。

1915年，袁世凱以自己就帝位為前提，批准日本對華21條要求，改國號為「中華帝國」。但這項舉措遭到來自海內外的非難，頓失權威，不久病死。袁世凱政權結束後，完全統治中國的政府並不存在，反而陷入軍閥割據的內亂狀態。在這種情形下，孫文於1919年標榜以民族（恢復中華）、民權（建設民國）、民生（土地平等）之「三民主義」做為基本綱領而創建中國國民黨，於1921年成立國民政府做為中華民國政府，但其後於1925年辭世。

孫文的後繼者蔣介石率領國民革命軍北伐，並在上海、武漢等地肅清共產黨，且占領南京。之後，革命政府分裂成蔣介石的南京國民政府和汪兆銘的武漢國民政府，不久兩個國民政府合而為一，國民革命軍繼續北伐。最後北方軍閥張作霖之子張學良通電表明擁護蔣介石的國民政府，於是國民政府成為中華民國的政府。1937年蘆溝橋事變爆發，中國和日本進入全面戰爭，日本則以汪兆銘為首支持其成立新的國民政府，以對抗蔣介石集團。

1941年12月，日本對英美同盟發動大東亞戰爭，而與英美友好的中華民國加入同盟國對日宣戰。1945年8月，日本投降，二戰結束。1945年9月2日，日本國全權大臣於在東京灣美國戰艦密蘇里號上簽署降書，同日GHQ對日發出一般命令第一號，命令在中國、台灣、北越的日軍向國民政府軍投降。在此命令發出的前一天，以四川重慶蔣介石為首的國民黨政府，設立「台灣省行政長官公署」和「台灣警備總司令部」，並任命陳儀擔任行政長官兼警備總司令官。10月5日，國民政府派先遣部隊80人搭乘美國軍用機飛抵台北，接著在17日國民政府軍22,000人和官員200人分乘30艘美國軍艦從基隆上陸進駐台北。

1945年10月24日，行政長官兼警備總司令官陳儀搭乘美國軍機從上海出發飛抵台北，隔（25）日在台北公會堂舉行「中國戰區台灣地區投降式」，安藤總督簽署降書，中華民國隨即發表台灣成為中華民國領土要旨之聲明，開始對台灣進行實質的軍事統治。隔年1月12日，中華民國將台灣住民的國籍改為「中華民國籍」。原先日本統治時期的台灣住民被稱為「本省人」，跟隨國民黨一起渡海來台的新住民則被稱為「外省人」。

## （五）中國國民黨和二二八事件

二戰之後，在中國大陸，美國所支持的國民黨和蘇聯所支持的共產黨爆發內戰。1949年初，敗色漸濃的國民黨在中國大陸實際控制的區域愈來愈小，共產黨在1949年10月1日建立中華人民共和國政府，中華民國的蔣介石則在同年12月7日將首都從南京遷至台北，到1950年結束前為止，中華民國的領土範圍實際上僅統治台灣本島及其附屬島嶼、澎湖群島再加上福建省沿海的馬祖列島、烏坵島、金門島以及東沙群島和南沙群島的一部分（太平島、中洲島）等區域。

中華民國以反攻大陸為前提將台灣作為暫定據點，台灣是中華民國的一省，台北是臨時首都。由於未能參加舊金山和約，因此中國對日和平條約的締結並非是全面講和而是單獨講和，日本在1952年4月28日和中華民國締結《中日和平條約》，承認中華民國為中國的正統政府。蔣介石總統以老子之言「以德報怨」，不要求日本戰後賠償，但是中國國民黨卻將日本或是日本人留在台灣的龐大資產據為己有，以穩固統治台灣的財政基礎。

另一方面，中國國民黨將台灣經濟編入中華民國經濟的一部分，由原本輸往日本的米和糖轉而輸出中國，另將原先台灣元和中國貨幣之間的換匯改為固定匯率，然而由於將台灣的貨幣不當貶值，導致台灣經濟陷入破產窘境，甚至國民黨政權在職場上有意排除本省人，使得從前線各地生還回台的軍人、軍屬、軍伕無處收容，導致失業者在30萬人以上。

於是，台灣的治安只有走向惡化一途，從日本時代的「法治國家」變成「無法治國家」。由於台灣社會充滿著憂憤不滿，使得1947年2月27日發端於台北市淡水河邊商店街的查緝私菸紛爭，很快發展成為全台規模的「二・二八事件」。中國國民黨立即調來軍隊，從高雄、基隆開始對本省人進行無差別的屠殺，前後大約兩個星期的時間，中國國民黨軍鎮壓台灣全島。鎮壓手段相當殘暴，除使用機槍掃射之外，同時將被捕的本省人幾個人綑綁為一組，用鐵線刺穿手心押走，還有將被捕的人裝上麻布袋丟入河中或海裡。

「二・二八事件」肇因於中國國民黨軍隊的強取豪奪，還有貪官汙吏腐敗橫行不知凡幾，這讓本省人越來越不滿失望這個所謂「同胞」的新統治者。「二・二八事件」關係者的牽連逮捕雖在1949年時漸趨和緩，但對「重點人物」的逮捕行動其後仍然繼續進行。依政府資料顯示，中國國民黨在一個月間殺害本省人約在28,000人以上，受到有罪判決被處以有期或無期徒刑者更是不計其數。中國國民黨政權給本省人的印象是野蠻而殘暴的，本省人對於外省人有著難以抹去的不信任感。

## 二、台灣政治和政黨

### （一）台灣政治環境

台灣的國民是由漢民族（98%）和原住民（2%）所組成。本省人的漢民族有70%是福建系漢民族和15%的客家系漢民族，而戰後移住台灣的外省人目前約有13%。但是現今的外省人多數是在台灣出生的第三代甚至是第四代，對於歸屬中國的意識可說是比較薄弱。台灣住民的歸屬意識可區分為「台灣人」、「台灣人也是中國人」、「中國人」這幾種，其中比例的變化隨時代的改變而改變，如下圖所示，「台灣人」和「台灣人也是中國人」的比例加總超過9成。

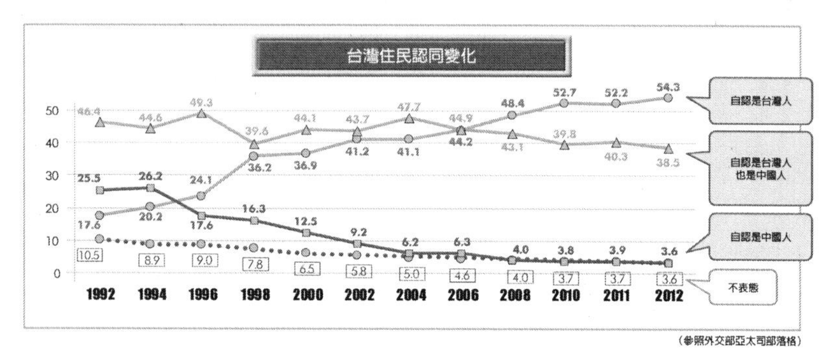


（圖1）

就台灣人的語言來說，北京話是共同語言，也使用閩南話和客家話。在台灣基本上是政教分離，中華民國憲法保障宗教信仰自由，因此在國內各種宗教都可以自由信仰。台灣的主要宗教有道教、基督教、佛教，台灣人日常生活和宗教有著深的關聯性，近幾年來信仰佛教有增加的傾向。台灣的政治體制是從孫文創建中華民國以來，基於民族獨立、伸張民權、安定民生所標榜的三民主義之民主共和制。

在台灣的國家觀，隨著政黨輪替之後也產生很大的變化。擺脫從蔣介石時代統治權及於大陸的虛構性，由本省人繼任總統的國民黨籍李登輝賦予「中華民國在台灣」、「台灣（中華民國）」、「中華民國（台灣）」的定位，將台・中關係凸顯為「特殊的國與國關係」，開啟台灣邁向民主化之路。繼任總統大位的民進黨籍陳水扁則賦予台灣有別於中國之主權「分裂國家」的位置。李登輝和陳水扁的這些政策，可說是將台灣的國家觀轉換到民主獨立國家的方向。

其後，繼之而的馬英九政權，將對中關係視為「地方和地方的關係」，兩岸之間一時雖有提及締結和平協議的說法，而且可以看到雙方互相讓步承認台灣和大陸朝統一乃至合併方向的態度。但民意卻發出應為和平而維持現狀的聲音，對於和大陸統一的聲音變成隱諱避談，反而因時代的變化，台灣人意識越來越高漲。在台灣，這樣的民意和兩岸間政治動向的矛盾與磨擦，可以想見將大幅左右今後的台、中關係。

## （二）台灣主要政黨

在1980年代以後，台灣政治在國民黨獨裁體制之下逐漸和平開展民主化，一直到1996年總統直接民選全面落實。至今已進行過五次總統選舉，也歷經三次政黨輪替的經驗。台灣的主要政黨目前有成立於1919年的中國國民黨，成立於1986年的民主進步黨，成立於2000年的親民黨，成立於2000年的台灣團結聯盟，成立於2004年無黨團結聯盟，以及成立於2015年的時代力量等，立法院立委總議席數113席。

在台灣，對國民黨、民進黨兩大政黨的支持是壓倒其他小黨，有力的小政黨如親民黨和新黨就會採取一致的步調，而從國民黨的印象色調被歸類為「泛藍」（藍營），國民黨的支持地盤在台灣北部、東部、島嶼和原住民地區。繼日本統治台灣，國民黨擁有壓倒性的龐大資金（黨產）和系統性的地方組織，這些都是堅若磐石的選舉基礎。

到2016年為止，國民黨的對中基本政策是，在中華民國憲法的架構下，以台海兩岸「不統、不獨、不武」的「新三不政策」來維持現狀，「基於九二共識、一中各表」的基礎上，推動兩岸間的和平發展。具體而言，雙方朝進一步擴大台、中之間的和平發展以及深化兩岸交流，希望兩岸兩會互設辦事處，並且修正《兩岸人民關係條例》等目標努力。

另一方面，民進黨的基本政策是，從1990年後半期揭櫫社會福利、環境保護、人權等自由的主張，和國民黨對立的立場鮮明，在1999年全國黨代表大會基於台灣已是主權獨立國家之現狀認識，認為若要改變現狀就必須經過公民投票決定。當初已主張台灣獨立的問題，最近因為受到對中國經濟依存度的升高，其態度有軟化的傾向。

以民進黨為中心的政黨團體被稱為「泛綠」（綠營）。這裡包含支持李登輝前總統而脫離國民黨的台灣團結聯盟。但是台聯與民進黨之間的同盟關係並不穩定。民進黨的支持地盤在台灣西南部，目前逐漸朝北部發展。

## （三）台灣立法院的選舉制度

選舉是現代民主主義國家最重要的判斷基準。國家的選舉制度是確認民主主義國家的重要指標。台灣最初的選舉是在日本統治時期的1936年，與日本本土相同實行中選舉區制。戰後初期的1947年在中國舉行第一屆立法院選舉之後，就不再舉行全面立委選舉，只有台灣地區的部分增額立委補選，直至1992年才舉行立委的全面改選，直到2004年都以中選舉區制進行，其後改為小選舉區比例代表制。

到2004年底的立委選舉為止，台灣立法院的中選舉區原定立委席次是225席，其中168席是由全國29個選區採中選舉區單記非讓渡式實施選舉，而原住民席次定額8席，分成山地和平地兩個選區，同樣採中選舉區單記非讓渡式實施選舉。比例代表定額49席，採各政黨推舉列名社會賢達，全國同一選區，由台灣所有選民包含滯留海外華僑投票選出。但由於是一人一票制，根據各政黨推舉的候選人其得票率在5%以上的政黨，得按比例分配議員席次。

關於中選舉區單記非讓渡式制度，出現為人詬病的「票票不等值」、「少數票當選」、「候選人激烈的言論」、「黑金政治」、「策略性投票」等弊端，因此在2005年修憲時，將立委席次從原來225席減半到113席，任期從三年改為四年。在這113席當中，34席是由全國單一選區選出的政黨比例代表制，並將立委選制由中選舉區改為小選舉區比例代表並立制。

換言之，台灣立法院的選舉制度與日本眾議院同樣採小選舉區比例代表並立制，總席次是113席，其中34席是由比例區選出，而這個比例區是以全國為單位，並且設定若沒超過5%的得票率，就無法分配到立委席次之所謂的「5%門檻條款」。剩下的79席當中的73席是由小選舉區選出，另6席則分配給平地和山地兩個原住民區域。

這種選舉制度修訂的背景是緣起於國民黨的分裂。亦即，截至1992年之前，國民黨做為執政黨且握有絕對多數，然而1993年反李登輝的非主流派脫黨另組新政黨的結果，在1995年第三屆立委改選當中，雖然還是維持政權但已失去絕對多數。甚至在2000年時國民黨再度分裂，以宋楚瑜為首的親宋集團出走國民黨另組親民黨，隔年的立委選舉民進黨在立法院成為第一大黨。2012年總統和立委選舉當中，國民黨的馬英九總統再度獲得連任，立委的部分也獲得安定多數席次。在該次選戰中，馬總統得票率是51.6%，民進黨的總統候選人蔡英文女士獲得45.6%的選票，親民黨宋楚瑜只獲得2.8%的得票率。但是在連任初期，馬總統的支持率下滑到13～14%，支持度低迷，至2014年3月的「太陽花學運」之後馬英九總統的支持度更曾下滑到10%以下。2016年初，台灣再度政黨輪替，民進黨總統與立委均獲得過半支持，全面執政。

## 三、台灣經濟

### （一）勞力密集型產業及其界限

當初台灣的經濟和開發中國家一樣，採取保護國內市場及產業保護培植政策，但因台灣市場狹小，經濟發展乃漸趨減緩。為打開此種不利的局面，從1960年代前後大幅推進工業化政策，但因通貨膨脹持續發生，而將價高的匯率貶值，以謀求增加出口，同時採取免稅優惠措施等的振興出口政策。這個以出口導向的工業化政策的結果，雇用大量優秀的低工資勞動人口的勞力密集型的製造力，使得出口大幅躍升而且急速的擴展。

台灣快速發展以出口導向的工業化政策的結果，由於勞動人口過度被吸納至工業部門，1970年前後發生勞動力嚴重不足，導致農業部門發展停滯，台灣政府採行農業保護政策。此外，由於勞動力的不足，也造成工資上漲，因此政府改以資本密集型經濟為推動目標，籌謀重化學工業化，計畫大型造船廠、一貫化的鋼鐵廠、大型工業區的建設。其中鋼鐵和石化工業大致成功，而成功的主要原因是使用製品作為材料，發展出口工業，形成擴大內需。

進入到1970年代，台灣政府發展重化工業的同時，著手扶植技術較資本和人力更為重要之技術密集型產業，1973年設立工業技術研究院，1975年開始延攬半導體技術人才的大型計畫，在1980年代以後獲得成果。當時，幾乎沒有進行對最尖端產業半導體投資的民間企業，所以資金多由政府負擔，交由國家研究機關——工業技術研究院進行該項大型計畫，同時邀集國內專家學者或留美的研究人員參與，扶植培育領導現今全球台灣半導體產業的基礎。

## （二）技術密集型產業和半導體

在半導體產業以外的出口工業部門，強化發展台灣出口工業的競爭力，多數的中小企業形成網絡分工，如同服飾、鞋子、雨傘、縫紉機、腳踏車等的製造產業分工網絡，在世界上總是數一數二，而這些製成品大都來自於先進國家的委託生產製造的結果。但是從1985年前後接受委託製造的產業結構變得困難。其理由是1985年廣場協議以來伴隨著日圓升值，台幣兌美元匯率也急速上升之故。

1980年後半期，台灣對外直接投資急遽增加，以往依存於台灣廉價勞工的分工網絡產業，為追求更廉價的勞工紛紛移往東南亞國家和中國，近年來這些產業幾乎從台灣消失。對這種勞力密集型的產業而言，改變牽引台灣經濟扮演龍頭角色的是電腦、半導體、液晶面板等新興產業。對於已經遷往東南亞各國或是中國的台灣企業，也帶動提供零件、材料、機械設備等的產業。這些產業無論是資本密集型產業或是技術集約型產業，都不受工資上漲的影響。

現今，台灣企業擔負著世界上大部分的電腦生產，筆記型電腦約占93%，主機板占97%。營業額排名前20大的台灣民間製造業當中有15家是電子製造業，其中有9家是從電腦相關事業和手機末端事業發展出來的，另有營業額高的7家接受委託的製造專業或是接受委託製造為主，只有2家是自己經營品牌事業和進行接受委託製造。

自日本統治台灣以來，台灣經濟在與日本經濟緊密關係下，發展出與日本經濟互補的關係。也就是說，在資本密集型產業和技術密集型產業上，利用技術力和工業生產力，提供開發在世界市場上立於優位的產品，且將獲得外匯的加工貿易作為基礎。但是，與日本有所不同之處，是運用所謂華僑的全球網絡展開世界戰略，而這也使得台灣產業日益增強。換言之，在美國或日本接單，在中國或越南製造的仲介戰略，正是利用這種華僑的網絡來進行。

## （三）台灣經濟的近況

被技術密集型或是資本密集型產業維持的台灣經濟情勢，在2012年第四季度景氣才稍見回溫，但在2013年以後由於出口外需持續倒退，2013年第一季度的GDP成長率僅維持1.72%，無法達到當前一年所預測的3.26%。馬英九總統在其競選政見所揭櫫的「633經濟目標」，亦即（1）平均年經濟成長率6%以上、（2）失業率降至3%以下、（3）到2016年每人人均所得達到3萬美元，已經證明無法實現。

2013年5月，台灣媒體所進行的民調顯示，不滿馬政府的經濟政策者高達76%。馬政府早於同年2月18日即已成立新內閣，更換行政院長、經濟部長、經建會主委、交通部長等經濟政策相關部門人事，重新面對經濟成長率的維持、所得差距貧富不均以及如何確保人力雇用等各項財經問題。

下列圖表是馬政府執政下的台灣經濟概況。

台灣近年經濟概況

| | | 2009 | 2010 | 2011 | 2012 | 2013 |
|---|---|---|---|---|---|---|
| GDP（億） | | 3,879.5 | 4,492.4 | 4,664.8 | 4,740.9 | 5,155.0 |
| | 對比前年 | ▲ 1.91% | 10.88% | 4.03% | 1.26% | 2.11% |
| 每人平均 GDP（美元） | | 16,423 | 18,588 | 20,122 | 20,378 | 20,958 |
| 就業者構造（萬人） | 農業等 | 54.3（5.3%） | 55.0（5.3%） | 54.2（5.1%） | 54.4（5.1%） | — |
| | 工業 | 368.4（35.8%） | 379.9（35.9%） | 389.2（36.3%） | 393.5（36.2%） | — |
| | 服務業 | 605.1（58.9%） | 617.4（58.8%） | 627.5（58.6%） | 638.1（58.8%） | — |
| 失業率 | | 5.85% | 5.21% | 4.39% | 4.24% | 4.18% |
| 外貨準備高（億） | | 3,482 | 3,820 | 3,856 | 4,032 | 4,168 |
| 台灣原對米 | | 33.06 | 31.65 | 29.47 | 29.61 | 29.77 |
| 指數 | | 8,188.11 | 8,972.50 | 7,072.08 | 7,699.50 | 8,611.51 |
| 平均可處分所得 | | 265,750 | 273,647 | 275,984 | 285,939 | — |
| 所得格差 | | 6.34 | 6.19 | 6.17 | 6.13 | — |

（參照外交部亞太司部落格）

（圖2）

# 四、台灣外交

## （一）台灣在國際法上的地位

1949年10月1日，在國共內戰中取勝的中共建立中華人民共和國政府，國共內戰中失敗的中華民國政府則遷移到台灣，台灣在國際法上的主權歸屬經常被稱未定論。亦即蔣介石帶領中華民國政府退守台灣以來，以「國民政府」的身分重新出發，國共雙方之間互相為了爭奪「代表中國的正統政府」地位持續對立。但是，中華民國外交部條約法律司主張：「台灣是中華民國的一部分…，是一項絕對符合歷史與國際法的主張。」。

中華民國外交部條約法律司的見解如下：

> 二次大戰結束後，中國發生內戰，1948年戰局逆轉，中共漸取得優勢；民國38年（西元1949年）10月1日，中共宣布建國；同年12月，中華民國政府播遷台灣。1950年6月25日韓戰爆發，……美國總統杜魯門發表聲明：『至於台灣未來地位之決定，應俟太平洋區域之安全恢復後，或與日本締結和約時，或由聯合國予以考慮。』……這就產生所謂「台灣的法律地位未定」之說。

如同美方的聲明，認為「台灣在國際法的主權地位未定論」是存在的，但是《中華民國與日本國間和平條約（Treaty of Peace between the Republic of China and Japan，簡稱中日和約）》當事國的中華民國政府，將同條約作為台灣主權歸還的根據，而做出如下主張：

> 此條雖然仿照舊金山和約體例，並未明文規定台灣與澎湖歸還中華民國，但中華民國正是此一雙邊和約之締約當事國，而第4條又承認民國30年以前，中日間所締結之一切條約（包括割讓台灣予日本的《馬關條約》在內），均因

> 戰爭結果而歸於無效，故確認台灣為中華民國領土的意義至為明顯。此外，和約中有些條款更是以「台灣屬於中華民國」為前提，否則該條款即無意義，亦無法執行。

甚至雖然日本在《中日和約》只聲明放棄台灣，在同條約並並沒有任何明示其歸屬，但仍然主張台灣已經歸還中華民國。其說法如下：

> 日本當初所放棄的領土，正是當時中華民國憲法上的固有疆域，依據國際法上普遍接受的「保持佔有主義（principle of uti possidetis，即「和約之效力是使一切保持締結和約時之狀態」），均已再度確認台灣主權歸還中華民國政府的法理與事實。

如上所述，中華民國官方表明，從國際法和歷史事實來看，台灣和澎湖列嶼已經明確歸屬於中華民國。的確，鑑於日本和美國與台灣締結條約，互換外交使節團的事實而言，直到日本以及美國承認1949年成立中華人民共和國的北京政俯視為主權政府之前，都視中華民國為中國這個主權國家的代表。

## （二）與台灣的外交關係

中國國民黨在確定國共內戰失敗後，放棄首都南京，先遷往廣州，然後經重慶、成都之後，於1949年12月8日移轉到台北，而在此之前的10月1日，中國共產黨在北京舉行中華人民共和國建國宣言。當時中共人民解放軍追討國民黨軍解放台灣，只是時間早晚的問題。蘇聯是最早在隔日就承認中華人民共和國政府（以下簡稱中國新政府），10月3日保加利亞，12月16日緬甸，12月30日印度，隔年1月5日英國等諸國也相繼加入，成為承認中華人民共和國政府的國家。

中國新政府在與本國建立外交關係之際，堅持以和中華民國政府斷絕外交關係作為條件。對此，中華民國則對於承認中國新政府的國家，採取以強硬態度提出斷絕外交關係予以對抗。但是不只共產主義諸國承認中國新政府，截至1950年1月底之前已有12個非共產國家表明承認中國新政府。中華民國雖然在中國新政府成立前後仍與51個國家維持外交關係或領事關係，但是對於承認中國新政府的國家，只是重複著斷絕外交關係的做法而已。

中華民國蔣介石政權雖然實質統治台灣及其周邊附屬島嶼，同時主張自己是代表中國全體的合法政府，國際社會也在某種程度上容許這種虛構。然而，1971年10月聯合國大會2758號決議案，要求在聯合國的中國代表權由蔣介石代表移轉至中共政府，同時從聯合國相關組織排除中華民國政府。這個所謂阿爾巴尼亞決議案在聯合國大會討論當中，美國與日本試圖以「雙重代表方式」，也就是支持中共進入聯合國的同時，摸索著讓台灣保留聯合國席次的構想。但是蔣介石為不讓政權統治性崩壞，乃主張「漢賊不兩立」，堅持中華民國政府是「中國唯一正統政府」，拒絕日美兩國的構想，中華民國政府被逐出聯合國。

有感於國家將陷入國際孤立，早在西方國家的英國承認中國新政府做為契機，便開始摸索與斷絕外交關係的國家維持通商、交通等實質關係。中華民國在與英國斷絕外交關係之後，由英方提案成功維持通商關係和領事關係，設置實質上相當於外交機關的機構，繼續維持實務關係。美國則於1979年制定《台灣關係法》，約束僅限於維持提供台灣防禦性武器（安全保障）、經濟、文化和其他民間關係。

此後，與台灣維持外交關係的國家，若承認中國新政府之際，台灣方面雖仍強烈批判其行為，卻也不明白表示「斷絕外交關係」，只表明撤離大使館，再密切關注國際環境的變化，保留恢復外交關係的餘地。在1970年代以後，中華民國由於與保持外交關係國家數目銳減的牽動下，深陷國際性的孤立，只得在與無邦交國間的經濟、文化、技術合作等方面，強化維持實務關係，謀求繼續存立於國際社會。

蔣介石之後的蔣經國、李登輝、陳水扁等各個政權，國際社會在中國的打壓之下，更加致力於台灣參與國際組織的活動。但由於國家認同的差異，台灣的外交關係和國防政策漸受意識形態和政黨政治的影響。另一方面，中國隨著在國際社會發言力的增強，將台灣置於包含中國主權所及的範圍，同時主張台灣與西藏、新疆、南海都是中國的「核心利益」，為了確保這個主張，言明絕不放棄行使武力，妨害台灣參加國際社會和活動的正當權利。

2013年，西非的甘比亞和台灣斷交一事，對馬英九政府而言，是外交上的一大挫敗。到2014年2月為止，和台灣有邦交的國家，計有歐洲的梵諦岡、非洲的布吉納法索、聖多美普林西比、史瓦濟蘭等3國、大洋洲的諾魯、吉里巴斯、馬紹爾群島、吐瓦魯、帛琉、所羅門群島等6國、中南美洲的巴拉圭、巴拿馬、尼加拉瓜、宏都拉斯、薩爾瓦多、瓜地馬拉、貝里斯、多明尼加、海地、聖克里斯多福・尼維斯、聖文森・格瑞那達、聖露西亞等12國，共與22個國家存在外交關係。

### （三）台灣參與國際組織

蔣介石政權堅持所謂「漢賊不兩立」的原則，導致中華民國在1971年被逐出聯合國，對加入國際組織和出席國際會議等的參與問題自我設限。但其後蔣經國的做法有異於蔣介石，不僅承認中華民國只統治台澎金馬的事實，在亞洲開發銀行（Asian Development Bank，ADB，簡稱亞銀）會員國資格問題指示採取彈性對應，結果免於從亞銀被撤除會員國資格。美國要台灣改稱「中華台北」，雖然對於台灣繼續保有亞銀會員資格甚有助益，但此後卻不支持台灣以國家身分加入其他國際組織。

其後，繼任政權的李登輝總統，到1999年為止，對於中國與台灣的主權地位，是僅止於「兩岸關係」或用「特殊的國與國關係」表現，的確非常猶豫。李登輝總統一面持續主張中華民國，一面確定繼續參加亞銀年會，而且推動參加其他國際組織。李登輝政權時代參加的國際組織如下：

1992年：參加「東南亞中央銀行總裁會議」（1982年成立）
參加「中美經濟統合銀行」（1960年成立）
加入「搜索救助衛星系統」（1988年成立）
1994年：加入「亞洲科學合作聯盟」（1970年成立）
參加「亞太法定計量論壇」（1994年成立）
1995年：非正式參加「防止金融經濟犯罪集團」
1997年：參加「亞太洗錢對策集團」
1998年：加入「亞洲選舉管理機構協議會」
1999年：加入「亞太農業研究機構聯合」

到民進黨的陳水扁政權時期，將中國與台灣以「一邊一國」來處理，著手重新建構與中國和國際社會之間的關係，同時也表明只要中國不挑釁，就不會進行台灣獨立或是變更國號。陳水扁總統以參加國際組織為目標，甚至曾以台灣名義申請加入聯合國，但實際上達成加盟國際組織目標的只有成功加入世界貿易組織（WTO）而已。這也可說是和中國或是世界其他各國締結FTA，優先與各國關係正常化，追求實利戰略之成果。2002年1月，以「區域」身分成功加入世貿組織WTO，對台灣而言已經獲得莫大的外交成果。

附帶一提的是，雖然不是以主權國家身分加入國際組織，但從條約的目的來看，在國家內有自治權的地方政治團體，若以「區域」身分締結條約也會被承認。例如，巴勒斯坦就是被《聯合國海洋法公約》以「區域」身分加入承認。同時，台灣一方面有二十幾個國家承認其代表主權國家，另一方面讓中國妥協，使中國不得不接受其以「區域」身分加入國際組織。

除WTO以外，陳水扁政權無法成功加入其他國際組織，主要理由是因為中國對於台灣的主權國家地位寸步不讓，也因此日本或是美國無法與台灣締結FTA。例如，以2003年發端於中國且引發嚴重疫情的SARS為重要契機，產生讓台灣以觀察員身分加入世界衛生組織（WHO）的可能性，各國也大表贊同，卻因中國的阻撓使台灣的參與失敗。

台灣因與中國的關係，常使台灣想擴大參加國際組變得極為困難。台灣目前雖也接受國際核能總署（IAEA）的核能檢查，然而即使沒有正式加入國際組織，也還是可以用更實際的做法，優先以替代的身分與方式，參與如奧林匹克委員會及其國際性會議等等。

# 五、台灣和中國的關係

## （一）台、中關係的推進

李登輝前總統所揭示的「兩岸關係」，在馬英九政權之後大幅加速發展。民進黨從來就主張台灣不是中國的一部分，而且是一個主權獨立的國家，要改變兩岸關係現狀或是兩岸統一，都必須要經過台灣全體人民的同意之立場，但也保留推動和中國交流與合作之意。另一方面，中國將實現兩岸統一視為神聖使命，對於台灣獨立一事採取不排除使用武力的基本立場。馬英九政權則透過和平關係的發展，以兩岸統一為目標，從經濟、文化層面，著手強化兩岸交流與合作，堅定創造相互信賴的方針。

馬總統認知道「一個中國」的結果，揭示「不統、不獨、不武」的「三不」政策，從經濟和文化層面積極推動擴大兩岸的交流。另外，馬總統主張，以台灣和中國之間持續不斷的交流溝通，應該可以提高政治性互信關係，兩岸人民同是中華民族，兩岸關係不是國際關係。馬總統重新開啟中斷十年的兩岸對話，於2008年6月以後連續四年進行8次的兩會代表會談，締結18個分項的合作交流協定。這些協定皆由時任中國海協會陳雲林會長和台灣海基會江丙坤會長擔任實務性磋商的會談代表。

中國國民黨和中國共產黨也頻繁交流，2005年8月中國國民黨連戰主席首次出訪中國，與胡錦濤總書記進行會談。以此為契機，國共兩黨每年在中國以「國共論壇」的名義大規模舉辦會談。此外，2008年以後在APEC高峰會談中，進行胡錦濤主席和中國國民黨榮譽黨主席連戰先生的會談，同時也讓兩岸地方領導人頻繁交流訪問，中國各省、市、自治區的領導人率領大型經濟參訪團爭相訪問台灣。2008年12月落實中國與台灣之間的通商、通郵、通航所謂的「三通」，2010年10月《兩岸經濟合作架構協定（ECFA）》生效。

## （二）兩岸人民交流

兩岸間開放定期直航，中國觀光客旅遊台灣解禁，帶來兩岸關係的新階段。2005年1月農曆過年期間兩岸包機直航開通以來，2006年7月重要節日慶典前後均決議開放包機直航，2008年7月僅限周末開放包機直航，2008年11月開始包含平日也開放包機直航，2009年8月開始每周270架次的兩岸定期直航開通，2011年6月雙方同意每周擴大到558架次。關於解除中國觀光客訪台禁令，是在2008年6月雙方同意解除中國人團體觀光客訪台禁令，2008年7月第一批中國觀光客訪台。2011年6月雙方同意解除中國人個人觀光訪台（自由行）禁令。

由於兩岸間直航開通和解除中國人訪台禁令，造成兩岸間人民交流往來急速擴大。1996年台灣人訪中大約173萬人次，到2006年已增加到441萬人次，2012年更是達到534萬人次。相對於中國人的訪台，則從2004年約22萬人次，2010年163萬人次，到2012年已急速增加到258萬人次。另外，從2002年到2011年的10年間，兩岸間提出結婚申請數約佔全體的10.5%，其中約94%是台灣男性和中國女性結婚。現在約有30萬的中國人配偶（94%是女性）長期滯留台灣。

2013年兩岸關係的對話更加活潑化，同年6月習近平主席和國民黨榮譽黨主席吳伯雄先生在北京會談，同時締結放寬兩岸服務項目規定的協定。同年10月在印尼峇里島舉辦的APEC會上，習近平主席和前副總統蕭萬長先生進行會談，另外專家學者討論政治問題的「第一屆兩岸和平論壇」在上海舉行，這個論壇是由中國和台灣雙邊的14個民間團體共同舉辦，雙方共120人討論關於政治、安全保障和對外關係等議題。

習近平政府積極將民間論壇利用在政治舞台上，並對台灣採對話攻勢，亦曾考慮要在2014年秋季北京APEC高峰會上，邀請馬英九總統赴會。馬英九極希望以改善台灣與中國關係而名留青史，但也對中國主導的政治對話採取謹慎的態度。由於台灣輿論普遍對中國的警戒心極強，過半人民也希望維持現狀，倘若僅有10%左右支持率的馬英九總統訪中，勢必將招致台灣選民的反彈。然而，習近平與馬英九的會談還是在2015年底在新加坡實現。

2014年2月，台灣陸委會與中國國台辦首次於南京舉行首長級會談，並開始官方當局的直接交流。中國的目標任何人都一目瞭然，亦即將來能以統一為選項的政治對話。因此，由以往藉由民間窗口所達成之兩岸交流，轉移至官方級的直接交流，迎接兩岸關係的新階段。其後，2013年發生反對服務貿易協定的太陽花運動，成為左右未來兩岸關係的重要契機，2016年台灣總統大選由民進黨取得政權。

關於中國的對台政策，將於第三章詳述之。

### （三）兩岸經濟交流

在台灣海外從事投資與貿易活動的台灣人被稱為「台商」。1990年代後期開始，台商的對中投資急速增加，現今進軍中國的台灣企業約有6萬間、總員工數超過100萬人。由於中國視台灣為其一部分，因此所有外資企業中，僅有台灣企業被承認設立「台灣企業協會（台商協會）」。

2010年6月舉行之第五屆江陳會上，正式簽署《海峽兩岸經濟合作架構協議（ECFA）》，並於該年9月正式生效。ECFA的內容是階段性降低兩岸關稅，包含投資保護、解決紛爭等，並定位於推動台灣與中國間的經濟合作之架構，並以「台中FTA」為其核心。由於ECFA的簽署，兩岸經濟關係可謂更加緊密。

關於兩岸經濟合作關係，自2011年1月起實施ECFA的一部分；但僅有關稅分類約5000項項目的10%有降低其關稅，扣除台灣希望保護之農業及傳統產業等項目。此外，2012年8月亦簽署ECFA具體作業之《海峽兩岸投資保障和促進協議》與《海峽兩岸海關合作協議》。現在亦在進行服務業貿易與貨物貿易關稅降低之協議。

ECFA的簽署加速兩岸經濟交流，對台灣而言中國是貿易、投資最重要的夥伴。根據2012年貿易總額資料顯示，台灣對中貿易占21.3%；但中國對台貿易僅占4.1%。此外，2012年台灣有4成貿易出口是至中國、香港，台灣對中貿易約達751億美元的盈餘。另外，1991～2012年的台灣對外投資總額中，有高達63%是投資至中國。

然而，根據行政院陸委會資料表示，2008～2010年的短短三年內，台灣對中投資風險遽增。財產權益糾紛增至60%、人身安全糾紛增至43%，陸委會亦要求公開對中投資風險之情報。此外，該投資風險日後將會有增加的趨勢，亦有應考慮從對中投資回台投資（鮭魚返鄉）之聲浪。

從對中投資佔台灣對外直接投資總額的比例可知，由2010年的84%、2011年的80%降至2012年的62%，投資額亦由144億美元降至128億美元。此原因除了全球性的經濟不振外，台灣人對經濟鎖中亦產生危機感。

## （四）兩岸關係的將來

自1996年第三次台海危機以降的兩岸對立，在馬英九上台後有緩和的態勢。2000年標榜台灣獨立的民主進步黨取得政權，亦表明台灣人擁有自由選擇政權的意志，但卻未運用此一時機邁向獨立。圍繞著兩岸關係之台美中權力關係，因為中國的經濟發展與軍事實力增強而有明顯變化，但兩岸關係卻產生一種微妙的關係。

由兩岸關係下的台美中三方狀況觀之，中國於2005年3月制定可對台行使武力之《反國家分裂法》；但胡錦濤、習近平前後任中國國家主席皆有鑑於海內外情勢，全力強化兩岸關係與和平解決為目標。

然而，中國對於兩岸關係現狀與未來的立場有以下四點：

（1）兩岸關係為內戰的延伸，乃是一國的內部問題。

（2）兩岸須在「一個中國」之上實現國家統一，兩岸未來僅有統一一途。

（3）統一方式必須為「一國兩制」。

（4）中國大陸願與台灣各界為統一而努力。

此外，台灣人對兩岸維持現狀關係之意志極為明顯，2003年6月亦反映此一民意。在事實上極為困難的法理「獨立」上，重視兩岸關係的馬英九得以執政八年。美國自反恐戰爭以來，花費極大的軍事及外交資源在中東問題上，歐巴馬政府的刪減支出政策，亦使軍事預算大幅削減，在考量中國軍事與經濟實力崛起之下，只得強力要求推動兩岸維持現狀之政策。

然而，馬政府將台灣經濟鎖入中國，雖讓中國雀悅不已；但卻讓自身的支持率急遽下滑，2013年9月支持率已跌至個位數的9.2%。原因在於因對中投資而享受到紅利的僅為一部分台灣人，此種不滿轉化成馬政府低支持率的結果。即使如此，中國依舊在政經面達成「兩岸統一」的目標，將台灣鎖進「無法逃脫中國的漩渦」之戰略。

由於台美中三方的想法不同，使維持現狀產生不安定的平衡，三方的誤解與計算錯誤，可能會產生不可預測的可能性依然存在。維持現狀就是現狀的維持，卻未有問題的本質解決之道。在相對的安定時期下，兩岸關係和平解決不僅是台美中的安全保障環境問題，也牽涉到東亞區域的安保環境議題。以日本安保問題來考量的話，必須極力避免台灣經濟鎖進中國，而發生統一的事態。

## 六、台灣與日本的關係

### （一）日本對台灣的立場

日本在戰後基於條約關係，與中華民國維持外交關係。但1972年9月29日，日本國政府與中華人民共和國政府於北京發表《日中共同聲明》。該聲明中，「日本國政府承認中華人民共和國為中國唯一合法政府」（第二項）；中國「再度表明，台灣係中華人民共和國領土不可分割一部分」（第三項）；兩國政府確認「決定建立起外交關係」（第四項）。為了因應台日關係急遽的變化，日本政府於1972年12月26日表示，將在國內法令範圍內提供援助及合作。

曾任日本駐美大使的栗山尚一表示，《日中共同聲明》交涉之際有下述三大基本問題。亦即，日本接受中國所言之「台灣是中華人民共和國不可分割領土一部分」立場，則存在三大基本問題。（一）以政治現實性來觀之，1949年誕生的中華人民共和國從未實效統治台灣，而台灣當時亦由抗拒中華人民共和國支配的中國國民黨政府持續統治。（二）以法律問題觀之，台灣的法律地位僅於《舊金山和約》規定日本放棄該地域的領有權等所有權利，並未決定台灣最終的歸屬。此原因在於，1949年的中國事實上是分裂為統治台灣的中華民國與統治中國大陸的中華人民共和國，《舊金山和約》的當事國—美國與其他國家並未合意決定台灣要歸屬於中華民國或中華人民共和國。（三）關係到美日安保體制之問題。

此外，栗山氏亦針對《波茨坦宣言（Potsdam Proclamation）》第八項做出下述說明。

基於《波茨坦宣言》第八項「台灣須歸還中國」之立場，有下列兩項意義。

第一，認知道台灣最終地位並未解決，但此與中國所言之「台灣是中華人民共和國領土一部分」立場有所差異。但對中國而言，更重要的是《日中共同聲明》第二項意義為：日本承認將台灣歸還予代表中國的中華人民共和國，亦即不承認「兩個中國」或「一台一中」，也不會支持台灣獨立。中國國務院總理周恩來對日本的第二項正確理解，比起關於台灣地位的法律論，日本更重視將台灣歸還中國之承諾所擁有長期且政治上的意義（至少筆者是這麼認為）。此外，周恩來也研判，解決台灣問題的關鍵在美國手上，假使美國無法跨越那條紅線，則日本是無法做出讓步。

因此，自發表《日中共同聲明》後，日本政府對台基本立場於該聲明中明確表示，將持續維持與台灣非政府間的實務關係。此外，1998年《日中共同宣言》也同意，「日方將持續遵守《日中共同聲明》之台灣問題立場，明確表明一個中國。日本將持續與台灣維持民間與區域上的往來。」（三之第九段落）

為了維持台日之間實務關係，1972年台日分別設置亞東關係協會、交流協會，並於1972年12月26日締結《財團法人交流協會及亞東關係協會之在外事務所相互設置之相關辦法》。該內容為：為方便幫助本國國民在對方國家居留或旅行時入境及子女教育，以及促進雙方民間經貿、技術、文化等其他各種關係的發展，同意相互設置在外事務所。

交流協會事務所設於台北與高雄，亞東關係協會則於東京與大阪設置事務所，雙方派遣至在外事務所的人數限定為30名，因應業務上的需求可協商增加人員數（第二項）。此外，雙方事務所必須保護本國國民在另一國的生命財產安全，並不得侵害法人財產及權益，謀求其他方便行事（第三項一）亦是業務的一部分。台日之間的交流基於此協定而有大幅進展。

## （二）台日間的經濟關係

台日相互之間是最重要的經濟夥伴之一，亦是擁有高度互補性的雙贏關係。由緊密的台日貿易關係觀察可知，台灣是日本第5位貿易夥伴、日本則是台灣第2位貿易夥伴。

台日之間經濟合作年年有進展，由最近幾年簽署的經濟協定可知。2011年9月簽署、2012年1月生效之《台日民間投資協定》，2012年4月簽署《台日防制洗錢及資助恐怖主義相關金融情報交換合作備忘錄》與《台日專利審查高速公路備忘錄》，2012年11月簽署《台日電機電子產品檢驗相互承認協議》與《強化台日產業合作搭橋計畫之合作備忘錄》。過去六十年來海外對台投資累計中，日本對台投資金額雖佔第4名，但件數卻佔首位。

除此之外，台日航空關係也有新的進展。2010年10月台北松山機場—東京羽田機場間的首都航班定期化；2011年11月，台日簽署《開放天空協定》，使台日之間開設新的航空路線更加容易。截至2012年止，台日之間的定期航班每週可達275.5班，日本訪台人數高達143.2萬人、台灣訪日人數也高達146.6萬人。

### （三）台日間的政治關係

台日雖非直接投資或貿易等直接的經濟合作關係；但在產業的合作關係上，卻成功簽署《台日民間漁業協定》。1970年代末期，釣魚台／尖閣諸島的領有權爭議浮上檯面，台灣也於1996年設置「釣魚台專案小組」，並訂定下列四項原則：

（1）堅持釣魚台主權；

（2）以和平、合理的方式解決問題；

（3）否認與中國共同對應釣魚台問題；

（4）優先保護漁民權益。

台灣基於第四項原則，也為早日協議台日雙方所關切的漁業問題，擔負民間窗口的交流協會與亞東關係協會，自1996年起展開16次漁業協議，最終在第17次會談的2013年4月10日簽署《台日民間漁業協議》。

該協議為確立台日漁業業者之間的作業秩序，設定北緯27度以南的專屬經濟海域一部分海域為「法令適用除外水域」、「特別合作水域」。「法令適用除外水域」意指台日雙方本身漁業相關法令不適用於對方之水域；「特別合作水域」意指法令適用外不可進行；但相互尊重台日雙方漁業作業、達到作業秩序確立之最大限度努力之水域。

此外，為了協議台日之間的作業規則與水產資源保護、管理措施，新設「台日漁業委員會」。設定尖閣諸島周邊為法令適用除外水域，意即台灣漁民禁止作業之區域，等同該協議是承認台灣並無尖閣諸島領有權之主張。日本首相安倍晉三於2014年4月23日國會中，高度評價「傳統上與日本友好關係的台灣，終於針對如鯁在刺的漁業問題達成妥協，簽署協議」一事。

## （四）311大地震與台灣的支援

2011年3月11日，東日本地區發生大地震，至今仍然記憶猶新。台灣在地震發生後沒多久，即於台灣各地募集捐款、救援物資、緊急援助等，迅速寄達日本。地震發生當天，台灣總統馬英九也發出信函給時任日本首相的菅直人表達慰問之意。3月12日，台灣外交部宣布將提供1億元新台幣（2.9億日圓）的捐款。

其後，台灣民間的捐款也絡繹不絕。截至2011年10月止，慈濟基金會在災區發放4.5萬受災戶23億日圓慰問金；交流協會至

2012年2月止也募款到新台幣4.2億元；2012年6月止便利商店7-11的小額捐款也達到3億368萬日圓。順道一提的是，與此時期美加的6000萬日圓與泰國的1600萬日圓相比，台灣人對日的親近感，可說是格外明顯。

除此之外，台灣外交部將官民救援物資560萬噸，提供給災區的地方政府。2011年3月14～19日，28名緊急援助隊於宮城縣展開搜救行動，台灣民間隊伍也在日本NGO的同意下，於各災區展開救援活動。此外，總統馬英九、行政院院長吳敦義、各直轄市市長等人也參加電視慈善特別節目，在節目4小時內自身向觀眾呼籲為日本震災募款。

然而，台灣舉國對日支援，卻因日本民主黨政府過於親中，別說是感謝此好意，更持續採取無禮的態度。直到安倍二度上台，台日才逐漸回復良好關係。

2011年7月14日，交流協會與亞東關係協會發表關於災後復興支援與促進觀光之「台日連帶（絆）計畫」。並表示今後數年內，將努力強化下述六項合作與交流：

（1）全力促進台灣觀光客訪日事宜。

（2）宣揚日本農產品的安全性與促進台日之間的進出口。

（3）招待台灣媒體相關人員赴日報導災後重建狀況。

（4）強化青少年、教育、學術、地方交流。

（5）推動地震研究之合作。

（6）核能安全等情報共享之合作與交流。

## 結語

東京國立博物館、九州國立博物館與台北故宮博物院針對2014年故宮的中國歷代皇帝蒐藏品赴日公開展出之「神品至寶展」，於台北舉行協約書簽署儀式。台灣方面擔憂赴日展出的蒐藏品，可能因中國主張所有權而要求歸還之可能性，強烈要求日本予以法制化。終於在2011年跨黨派國會議員立法下，制定《海外美術品等公開促進法》，防止由海外所借之美術品被第三者接收，終於實現故宮文物赴日公開展出。

值得注意的是，日本並未主張台灣獨立與兩個中國論，此言論動向必須注意。然而，承認手持台灣政府所發護照之台灣人入境，實則等同視之為主權獨立國家。日本與台灣的經濟、人員、文化交流極為重要，特別是安保問題更是生死存亡的問題。正因如此，日本才會強烈要求兩岸關係必須維持現狀與和平解決。

# 第二章　國際情勢和中國的動向

## 前言

戰後，國際社會將美國和蘇聯視為兩極對立的所謂東西冷戰的全球性構圖。其中，蘇聯在亞洲認為其對中國共產黨有極大作用，但中國強化自主獨立路線，而且史達林和毛澤東個人的固執和猜疑心等等問題，激化同陣營內的中蘇對立。同時，如同我們所看到的韓戰和越戰一般，原來的冷戰在亞洲已發展成熱戰。這些都是戰後亞洲的特徵。1989年柏林圍牆倒塌，加上1991年底蘇聯解體，使得全球性象徵的東西冷戰終告結束。

但在亞洲，冷戰時至今日似乎尚未終結。朝鮮半島問題和台灣問題即為重要象徵。前者是美國（包含日本）和中俄之間，後者是殘存美中間地緣政治的對立。由於中國急速崛起，對21世紀亞太地區而言，再度燃起美中對立的新冷戰，已經引起廣泛議論，而其中的一個焦點就是台灣問題。

從冷戰終結到21世紀初，若綜合軍事層面、經濟層面、軟實力和文化層面等等來看，美國已經享有世界上唯一超級大國的地位。但是，自從2008年金融危機和阿富汗及伊朗戰爭等等的影響國力日衰，背負著沉重的經濟、財政上的困難。

另一方面，中國、印度、巴西等新興國家有著驚人的發展，俄羅斯也正恢復往日雄風。特別是中國奇蹟般的經濟發展，以及其伴隨順勢高漲的軍事擴張，正大幅增加其霸權的擴展。

其結果，美國的地位和霸權力量正在減弱中，比方說從敘利亞和烏克蘭的政情變化所顯現的局面，已看出「世界警察」或者是「國際秩序維護者」的角色已大不如前，中國以及俄羅斯等國際社會都非常關注美國的動向。

如前述各國狀況，再加上歐盟與日本，一般認為今後國際社會將趨向「世界多極化」。在這當中，冷戰後世界上唯一超級大國的美國，將重新確立戰後的美式和平，而試圖挑戰美國以確立區域霸權為目標的中國，其綜合國力更是拔群超凡，美中關係將形成今後國際社會主要的權力構造。習近平國家主席所主張的「新型大國關係（new type of great power relationship）」和「G2」論即為例證。

過往在冷戰期間，權力構造單純明確，都能有效管理對立和紛爭，而且也能維持因核武所形成的「恐怖平衡」。在後冷戰時期，也能由美國一國領導國際社會，都比其他時期更加的和平與穩定。但今後國際社會若再進一步趨向多元化，則權力結構分散的結果，國際安全保障環境也會變得不穩定。此外，如果無法有效遏制核武的存在，那麼發生包含區域國家間核戰紛爭的可能性將大幅提高，再加上美中霸權競爭的對立若是鮮明化尖銳化，各大國捲入紛爭的危險性也將會大增。

東西冷戰結束後，福山（Francis Fukuyama）提出「歷史的終結」這樣一個大膽假說，就自由民主主義的優位性和普遍性加以論述。他認為，之後的世界將產生美國一國領導世界，而國際社會也已經看到這股潮流前進的方向。然而，與美國不同的行動原理，以共產黨一黨獨裁的中國崛起為代表，不啻為那樣的假說打上一個問號。

迄今為止，國際秩序是將前近代以後平等的主權國家做為基礎之「國際社會」，其以發達甚早的歐美為中心，不斷地反覆著對立和協調的過程，前後長達三個半世紀的歷史。其成果就是國際法，也包含戰後所創設的聯合國、IMF、WTO、世界銀行、NATO、EU、ADB、ASEAN等各種區域統合機構。特別是在二次大戰結束後，有很多都是由掌握世界霸權的美國支持這些規範和制度而成為率先倡導的中心，這些被稱為「國際公共財（global commons）」。

另一方面，中國雖然長年失去參與籌畫國際秩序形成的機會，但在1970年代末期以後急速地以驚人的經濟成長崛起，增加在國際社會上的發言權。之後鄧小平提出「打破國際舊秩序，建構『公正且合理的國際政治經濟新秩序』」的方針以來，已經變成強烈主張「中華新制序」的確立。特別是近年來明顯的海洋進出，無視「公海航行自由」原則，同時出現違反國際法在東海劃定防空識別圈（2013年11月），或者在南海填海造地擴大軍事設施（2014年1月）等等的主張，漸漸升高對現行國際秩序的重大挑戰、挑釁的行動。

依照美國國家情報會議編《2030年世界的樣貌》（講談社）一書預測，「從『GDP』、『人口』、『軍費』、『技術投資』四項試算各國國力比較，可以預見到2030年亞洲地區的整體實力，比起北美歐洲結合之力都還要大」，而中國的崛起「翻轉1750年以降的歐美中心主義，亞洲再度成為國際社會和國際經濟的主角」正是箇中主因。

其結果，以亞太地區為中心，國家終極角色是關心重大安全保障或是國防問題。當務之急是重新思考附帶戰略和政策條件的最基本要因之地緣政治問題，以此提出做為決定各國或是區域戰略架構的優先課題。

## 一、亞太地區地緣政治的分析

從地緣政治的觀點，分析以台灣為中心的亞太地區安全保障環境。所謂地緣政治是將國際政治和地理關係，依從外交和安全保障的權力遊戲的側面來研究的學問。地理環境雖然無法決定所有的國家政策，但作為戰略基礎的方向，都會給予很大的影響。就台灣而言，與日美中等國之間的關係，從地理和地緣政治來解讀非常重要，其論點也很容易理解。本節將以地緣政治的基本理論架構當中的海洋國家和大陸國家的視角，考察從地緣政治的側面解析關於日美中等國之間的安全保障為何這個課題。

### （一）海洋國家——日本和美國

日本位於歐亞大陸東端島嶼的海洋國家，其安全保障上地緣政治的角色，可以從美國國際政治學者斯皮克曼（Nicholas John Spykman，1893年-1943年）的地緣政治論（rimland）的觀點來理解。特別重要的是，連同斯皮克曼在內的英美國家地緣政治學者主張：「海洋國家主導聯合阻止強大的大陸國家進出海洋」。

斯皮克曼主張，控制海洋國家和大陸國家衝突的沿岸地區之歐亞大陸地緣政治正是決定世界的未來。斯皮克曼的戰略要點是，圍繞著位於歐洲和亞洲的大陸與海洋交接之處的地緣政治的控制之爭。他認為，若是敵對的霸權國家控制前述這些地區，其結果就是美國被那些勢力包圍的危機感，而其戰略思想可說是形塑出戰後美國國家安全保障戰略的基本方針。現在的日本、美國、中國、台灣之間的關係，也能在這種地緣政治的脈絡下顯現。

斯皮克曼認為，日本的海權存在於亞洲和太平洋之間，若能擁有優勢的海軍，就能控制所有西太平洋北從西伯利亞南到中國福建廈門的亞洲大陸周邊的海上交通路線。他主張，日本是能夠成為「美國在面對亞洲大陸威脅時的安全閥和衡平者的角色」。斯皮克曼這個主張是在珍珠港事變發生的三個星期後提出，若和日本同盟，就能針對來自大陸的威脅而採取軍事上的對應。戰後在遠東日本如果完全喪失軍事能力，那麼已經完成統一的中國就會成為遠東的霸權國家，在這樣的情況下，他主張美軍有必要在這個島嶼國家設置軍事基地以對抗中國。

冷戰時期，日本群島正是圍堵封鎖大陸國家——蘇聯海軍想要進出外洋的防衛線。實際上，日本自衛隊和在日美軍為中心監視蘇聯海軍，壓制蘇聯進出海洋的嘗試。日本作為位於接近地緣政治的國家，不僅要慎防蘇聯進出海洋，也對守護自由民主主義共同價值信念的海洋國家的國家利益付出很大貢獻。

### （二）傾向大陸國家——中國

海洋國家和大陸國家存在敵對競爭關係，而且數度從被稱為現代地緣政治學之祖英國地理學者麥金德（Sir Halford John Mackinder）和德國政治法律學者施密特（Carl Schmitt）的時代指出，在思索地緣政治學之後就以基本性的理論架構來處理。

一般被稱為海洋國家是因為擁有較長的海岸線，而為了提高國力以海運為主要的交易活動，傳統上重視增強海軍軍力和海洋戰略。另一方面，大陸國家為提高國力征服鄰接國境的諸國，擴大自己國家的領土，傳統上致力於增強陸軍軍力。

基本上，幾乎所有國家在某種程度都吻合海洋國家或是大陸國家，雖難以完全分辨，但事實上因地理環境和國際情勢的不同，出現各國將國家戰略的重心區分成海洋和陸地的比例也會不同。

翻開歷史，比方說若是要消除曾經是法國或是德國、蘇聯等強大的陸權國家帶給鄰接各國在安全保障上的威脅，通常傾向以為獲得海權而進出海洋作為目標。對於歷經大陸國家因為激烈的競爭而反覆擴大與縮小國家領土經驗的人們而言，這樣的傾向或許更能夠自然地掌握。

在中國，明朝時代的武將鄭和曾經數度率領巨大艦隊從東南亞出發，途經印度、中東到達東非的大航海。但組織龐大的海軍艦隊進行和中華圈之外的諸外國的海戰經驗不少，但一般而言還是被歸類為大陸國家。

依據中華思想，歷朝歷代帝國的政治中心是天下中心觀，而且是以帝國的外緣做為國境的概念。中華帝國本身的力量和鄰接各國相較，一般認為很多場合是擴大其影響力，而中華帝國的國境圈也會隨之擴大。同時，中蘇兩國經年累月在國境線上素有嚴重爭議，在1980年代和1990年代直到2000年以後兩國在外交上的努力，使得圍繞國境問題逐漸得到解決，中蘇關係也急速獲得改善。再者，1996年在上海舉辦六國合作組織會議，2001年正式發展設置上海合作組織（The Shanghai Cooperation Organization，SCO）。

中國推進與歐亞大陸鄰接諸國的友好關係，在心臟地帶（麥金德所命名的歐亞大陸，當時不會受到從海上的攻擊，且擁有豐富的自然資源的中央歐亞大陸之地），致力穩定與他國之間的安全保障。如此中國已經整備好進出海洋的環境。

控制歐亞大陸資源豐富地區的大陸國家，大多都想蓄積實力、擴張國力，但是中國的情況是以此為基礎再加上中華思想的想法作為支持背景。事實上，中國在領土與領海的爭執上，只是以粗暴的方式反覆主張追求私利而已。比方說，中國以所謂「戰略性邊疆」這個概念就是標準的大陸國家的想法。只要這個概念對中國而言，可說是關係到國家利益的地理境界線，而所謂的國境是國力增強的話就可以擴大的。按照國力的強弱，國境也會有彈性的變化，而中國只要情勢可以，就會正當化國境的擴大。這個「戰略性邊疆」並不會被領土、領空、領海所制約，近年中國政府尤其做為進出海洋時，特別顯著適用這個概念。實際上，中國共產黨不僅擁有強大的陸軍，也將建設強大的海軍作為國家正式的目標，為此還花費莫大的軍事費用。

目前中國為養活龐大的人口，除保有大量的糧食、資源能源和共產黨的正統性之外，每年的大幅經濟成長就成為必要，而提高海上運輸能力也成為必須。中國要穩定其安全保障環境，朝本國位於大陸而以獲得海權為目標的大陸國家努力，如此就會和想要阻止這個發展的海洋國家之間對立，雖然這從歷史上來看正是典型的對立構圖，但這也適用於目前亞太地區的國際關係。中國挑戰所謂「海陸大國」的野心，以「中華民族偉大的復興」為目標，而其關鍵在於台灣。

## 二、海洋國家・日本與島嶼國家・台灣

### （一）日本進出南方的據點——台灣

大多數的日本人可能都不清楚，但如果能夠知道戰前及戰時日本對台灣相關歷史來看，就很容易理解「台灣為何在地緣政治學上如此重要？」、「為何中國要把台灣視為目標？」。

16世紀，豐臣秀吉成功統一日本後，便開始將野心轉向海外。不僅企圖征服朝鮮與中國的大明帝國之外，豐臣秀吉亦派使者前來台灣、菲律賓，催促兩地向日本朝貢。在豐臣秀吉去世之後，即使暫時中止對台動作；但到採取鎖國政策的江戶時代，台灣因祕密進行日本與大明帝國間的貿易活動，亦因位處貿易中繼站之故，台灣的重要性日益提升。之後，德川幕府兩度自長崎出兵，試圖佔領台灣，但卻因暴風雨與原住民的抵抗而以失敗告終。自那時起，台灣便在東亞航線上占有重要的一席之地。

台灣在地緣戰略上之重要位置與資源，總是特別引來歐美列強的關切。美國海軍提督培里（Matthew Calbraith Perry）曾表示：「若以台灣為基地，則可構建對中國、日本、琉球、交趾支那、柬埔寨、暹羅（今泰國）、菲律賓等其他沿岸一帶的航線。……倘若能夠佔領台灣，將可壓制滿清帝國南部沿岸一帶，並可以牽制東海一帶的出入。」[1]。因此，美國亦為日本1874年出兵台灣提供建言。

1894年8月，為了爭奪朝鮮半島的獨立與主導權，日本與大

[1] 戴天昭，《台灣法律地位之歷史考察（日文版）》，行人社，2005年出版。

清帝國正式開戰。在甲午戰爭／日清戰爭開戰之前，日本外交官已理解到台灣在地緣戰略上的重要性，並向本國報告台灣落入歐美手中的危險性。此外，日本在戰事有利時，曾在對清講和內容上，討論處理台灣的問題。根據戴天昭博士的著作表示，日本海軍曾經強烈主張：「遼東半島的重要性遠不及於台灣島，必須將位處南海咽喉的台灣納入日本版圖。」。

在日本以台灣為目標的同時，歐美列強亦交織對台灣的意圖，並對日本的動向產生警戒。以英國為例，為進軍長江流域的華南地區，倘若將台灣割讓給日本，而日本開始在台灣建造兵工廠與海軍基地，那麼英國將無法忽視來自日本的壓力。此外，英國亦擔憂日本可能在台生產砂糖與棉花，勢必將嚴重打擊英國在東亞的貿易[2]。結果，甲午戰爭最終是由比清軍更近代化的日軍獲得勝利。此外，日本亦判斷倘若由美國擔任中間人，將使日本處於較有利的位置，因此便委託美國擔任日清之間的中間人。最後，依照1895年4月所簽訂的《馬關條約》／《下關條約》，台灣正式割讓給日本。

另外，在1905年日俄戰爭中，俄國因與日本決戰，而將波羅的海艦隊開往日本海。然而，日本因考慮到波羅的海艦隊可能會通過台灣海峽，便發布對台戒嚴令，並在台灣海域周邊架設魚雷，而駐台陸軍亦必須進行防衛台灣之演習。

1931年9月九一八事變／滿洲事變爆發後，日本海軍為對抗日本陸軍的「華北進軍」論，便高唱「南進論」。因此，1936年8月廣田弘毅內閣決議「國策基準」，決定進軍中國與南進海洋

[2] 尾崎庸介，〈由日清戰爭來觀察領土割讓問題與日英關係〉，《國際學論集》第14卷第2號，2002年。

同步進行。1936年9月海軍預備役大將小林躋造就任台灣總督後，為施行南向政策而採行台灣基地化政策，為軍事需求而加速台灣的工業化。1936年11月，日本在台北設立台灣拓殖株式會社，該公司係以華南及東南亞開發投資為目的之半官半民國策公司。

1937年7月，蘆溝橋事變爆發。隨著中日戰火的擴大，日本海軍亦於9月進佔東沙島、10月攻佔金門島；更於1938年3月佔領南沙群島，並將之置於台灣總督府治下，加速南進政策的推行。隨著大東亞戰爭戰線的蔓延，為順利南進而於台灣設置後勤基地，成功發展與軍需產業相關的重工業。跟隨重工業的發展，也讓台灣經濟出現大幅通貨膨脹。

日本海軍將台灣作為控制中國東南沿海的樞紐，阻止歐美將援助物資運往中國。此外，日本戰機也將台灣當作基地，進行壓制中國南方領空的轟炸行動。1941年12月8日，日本發動珍珠港事變，拉開大東亞戰爭（太平洋戰爭）的序幕。日軍於台灣的高雄、馬公、基隆集結艦隊，並開始侵攻菲律賓。隨著戰事蔓延，台灣的軍事重要性亦隨之提昇。因戰區擴大，補給線拉長，為確保補給線的順暢，位於海上交通要衝的台灣，就成為不可或缺的據點。

台灣的存在感是從航海技術急速發展之後，才從歷史洪流之中浮現而出。認知道台灣重要性的並非只有周圍的鄰國，連歐美列強也是虎視眈眈地覬覦台灣。身為貿易路線中繼站或轉運港的台灣，同時為確保連結東亞北方與南方海上交通的安全，台灣的重要性備受矚目。自台灣割讓給日本之後，不僅是農業有突破性的發展，為了軍事需要而設置的重工業更是大幅成長，成為大戰之中日本的物資供給據點，也是確保並管理補給線的要塞。

為了復興強大的中華帝國，考量到台灣位於東亞地緣戰略的重要性，除了更加重視發展海運能力與海軍軍力之外，更希望將台灣納入版圖。

## （二）台灣對現代日本的重要性

台灣四面環海，東為太平洋，西為台灣海峽（東西寬約130-200km，南北長約300km），南隔巴士海峽（Bashi Channel）遙望菲律賓，北面東海。進入21世紀，國家經濟活動高度依存海運貿易，若將現在的貿易量以重量為單位來看，海運佔90%以上。在密布世界的海運網路裡，台灣周圍每天都有數量龐大的船隻在航行。

麻六甲海峽起至東北亞的主要海上通路，其一是自南海往北行，經東沙群島附近，通過台灣海峽；另一條是往東通過巴士海峽再往北航行的航路。若著眼於東海與南海的地理位置，連結東北亞與東南亞這兩大區域的就是台灣海峽與巴士海峽。通過麻六甲海峽的航路，是世界上最重要的交通要道；它不只是連結中東、阿拉伯地區的天然資源與東北亞的工業，更是將工業國生產的產品運往亞洲、非洲、歐洲之無可取代的航路。

只要取得台灣，便能掌握此一戰略位置，便能對控制東亞水道與向西太平洋的航路產生極大的影響力，進而影響世界經濟。基於以上理由，各國的縝密盤算就激烈地交錯在這36000平方公里的小島——台灣之上。

若以國家活動極端依賴海洋空間的日本，依其自身地緣戰略的觀點來看，台灣的重要性更是不在話下。日本所需石油、天然氣等為首的天然資源皆仰賴海外進口，然後再將進口自世界各地的資源加工後，將產品銷往世界各地。透過這些經濟活動，而使日本蓬勃發展，而海上航路正是這經濟的血脈。

現在，中國的影響力進入海洋。若其同時挾有強大的陸地能力與海洋能力，則將會誕生世界史上最稀有的大國。因大陸國家的勢力進入海洋，則使海洋國家喪失其所具有的海洋權力，最後極有可能會使那些海洋權力反過來壓迫這些海洋國家。若是如此，維持至今由海洋國家所主導的國際政治經濟秩序，將會出現崩潰的前奏。對中國而言，實現此戰略的關鍵，除了支配台灣以外，別無他法。同時，日本的命運將左右於能否阻止此一野心，進而大幅影響海洋國家所主導的國際秩序的行進方向。

日本是世界上唯一一個被稱為「一國一文明」的國家。也就是說，日本是自其他國家或其他文明圈獨立的國家。但若是像台灣或美國這樣的海洋國家，考量其地緣政治學的觀點與自由民主的政治體系，他們是與日本有共同的價值觀。日本是地處於邊緣地帶的海洋・島嶼國家，以此身分所應負之責，就是堅決面對現在的中國。如此將可避免日本被國際社會所孤立，並可以相互依存度高且自由的海洋國家自詡，再對區域和平與繁榮做出貢獻，最後這條道路就會成為這個國家的生存之道。

## （三）中國地緣政治的基本概念與台灣的戰略價值

地緣政治學的概念是中國戰略的基本概念之一。台灣問題亦是如此。這是將與中國的海洋戰略有關的議題中，舉出戰略要地，分析其價值後，所提出的政治戰略。

中國的基本立場是，不侵略擴張、永不稱霸。但就算不斷倡議此言，其方針仍是「實現祖國完全統一，鞏固國防，整備先進裝備，建設強大武力，防衛國家領陸、領海、領空，這些保護安全的課題是當前最重要的事情」。因此，以中國的戰略來看，比任何事情還重要的就是合併台灣，統一祖國。

為了達成以漢民族為中心的國家建設與建立富強國家之國家目標，推行富國強兵政策是首要之務。其中，以「敵方勢力」來看，以軍事戰略相關的文獻舉例來說，第一假想敵就是美國，再來是俄國、日本、印度，接著是東南亞各國、歐洲諸國。雖然台灣並不包含在中國的頭號「敵方勢力」之內，但在武力統一的前提之下，台灣會是中國第一個攻擊的對象。

對中國而言，台灣是「戰略要地」。所謂「戰略要地」意指位於國家戰略上的主要中心地帶，也就是「核心地區」；若以作戰目標來看，則是屬於最重要的戰場，它關乎中國國家的生存、發展、安全，對戰略全局有重大影響之政治、經濟、軍事、文化的中心地區。另一方面，領土的邊緣地帶也容易成為領土爭端的焦點。在東亞，日本與中國、中國與菲律賓、中國與越南、中國與印度等國之間皆有領土紛爭，這是在中國邊緣地區存在的對立因素。

另外，中國境內的區域性衝突，有朝向世界化的趨勢。茲舉二例如下：1自冷戰結束以來，世界上局部地區的武力衝突有增加的趨勢；2國際間針對國境地區的領土爭端，有必要朝向新的方向思考。特別是針對爭端解決之道，鄧小平所示之「併用和平與非和平的辦法解決之」，被視為相當有效的辦法。

特別是針對各大洋的島嶼，因《聯合國海洋法公約》的締結，就算是相距遙遠的小島，其周圍也有12海浬的領海，甚至有約43萬平方公里的專屬經濟區。含有海洋資源的小島，其戰略性價值更是大幅提昇。因此，就算是個無人小島，各國也會堅守其領有權。

如此，以中國進入海洋權力為背景來看，世界上海洋主權的重要性大增，針對伴隨中國經濟成長而來的海上航線防衛活動、以及來自中國沿海的海上威脅，因此有必要提高防衛層級。

針對中國進入海洋權力的觀點來看，其身處之地理環境是相當不利的。中國若要確保進出太平洋、印度洋的航路，就必須要支配（控制）戰略要點。例如，與中國接壤的海洋，都被周圍鄰國的島嶼所包圍。從北邊圖們江到東南部沿海，被日本、北韓、韓國所包圍；南部沿海地區以南的海域則被台灣、菲律賓、馬來西亞、新加坡、印尼、越南等國包圍。

為克服這些不利因素而進出遠洋，中國就必須支配一些「戰略要地」。茲舉二例如下：1日本——北韓——韓國與菲律賓——馬來西亞這條線是中國要進出太平洋時的南北大門，東海的釣魚台（日稱尖閣諸島）與台灣，則是位居此門的門閂地位。2日本——台灣——菲律賓與馬來西亞——新加坡——印尼這條線則是中國要自太平洋往印度洋進出時的大門，南海諸島就是位居此門的門閂要地。

另外，若能掌握這些「大門與門閂」，中國即可自由進出遠洋；但若是失去這些「大門與門閂」，中國就會被封鎖在「長江與長城、黃山與黃河」之間。因此，中國有必要確實掌控東海與南海的「大門與門閂」。

首先，東海是中國進出太平洋的要道。它自東北往西南方向算起約1300公里，面積約77萬平方公里，是箝制太平洋西部周邊海域南北航路的要道，這也顯示它重要的戰略地位。另外，東海的主要島嶼是分布在東西兩側，東部的島嶼與琉球群島自九州形成弧形連結，西部的島嶼則有60%集中在中國，其中含有舟山列島、金門島，東南部則有台灣、澎湖列島、釣魚台（日稱尖閣諸島）。

同時，東海是連接多個水道的海域，東北有朝鮮海峽通往日本海，西南有台灣海峽通往南海，東邊有大隅海峽、吐噶喇海峽、宮古海峽等水道，成為進出太平洋的出入口。

台灣之於中國進出太平洋的目的，有海洋戰略上的價值，是中國防衛海洋不可或缺的島嶼。對中國而言，取回台灣可解除以台灣海峽相隔的分離狀態。這並非單純只是領土問題，更有取回海洋防衛能力的意思。另外，要是沒有台灣與澎湖列島，中國東南方海岸就會暴露在海洋防衛線，任何一處都有可能成為遭受威脅的地方。台灣在軍事方面的價值，可以說是一個面積3萬6千平方公里的「不沉航母」。

另外，東海的平均水深為370公尺，大部分是未滿100公尺的淺灘，使得潛水艇能祕密出港的水道相當有限。台灣與釣魚台（日稱尖閣諸島）是潛水艇進出遠洋必經之要道，它們與重要地點一樣有控制的價值。因此，這片海域被視為最重要的樞紐地點。

> 因此，對中國進出太平洋而言，台灣周圍海域是最重要的通道，是中國成為海洋國家的生命線。也就是說，「台灣問題關乎中國未來的生存問題。而祖國統一則關乎中華民族全體之利益。為了保持國家主權，振興中國海權，進出大洋，成為新世紀的海洋之主，就非解決台灣問題、統一祖國不可。」。

從中國戰略性防禦的觀點來看，台灣被視為「前方沿海的掩護陣地」。從地緣政治學所見的台灣價值可分析如下。

（1）台灣的北側與舟山群島相臨，其西南端遙望海南島，如此便構成天然的三角海上防衛線，形成大陸東南六省市在防衛上的戰略性縱深。

（2）台灣位於中國大陸沿海的中央部位，可說是中國海上防禦的弱點，是掌握生死的重要地區。台灣的南部與海南島、台灣與北部的山東半島，若相互連結，將會是地理上極為重要的戰略位置。

（3）台灣是中國的生存與持續發展不可或缺的「前方據點」。台灣除了直接面對太平洋之外，台灣東部海岸線外面更有著廣大的專屬經濟區。

（4）台灣與台灣海峽位於形成第一島鏈的鏈形島嶼帶的中間位置，位居西太平洋鏈形島嶼帶的戰略性要衝位置外，台灣是島鏈中與大陸最接近的島嶼。

（5）台灣四周的海域是通往世界第二大貿易區的印度洋、中東等地的必經地區，是中國南北海上航路之要衝，因此台灣是中國取得海洋權益與國家安全之重要基石。

如前所述，對中國而言，台灣是極具戰略性的重要「核心利益」。在核心利益裡，有維護領土主權與海洋權益等兩個層面，這兩個層面的利益皆與台灣密切相關。台灣並非只有國土統一這個觀點可以解釋，台灣海峽之於中國的發展與國家安全，均具有重大意義。其理由有以下四點。

（1）台灣海峽是國際貿易重要的運輸路線。台灣海峽全長約200海浬，寬約70-221海浬，自大陸那側的海岸線與台灣這邊的海岸線，兩造皆擁有12海浬的領海。在經濟方面，台灣海峽連結中國南北的海上交通要道，與地中海、印度洋及波斯灣相接；對美國、日本、俄國、韓國等國而言，台灣海峽也是重要的航道。

（2）位於航路南北中間位置的台灣具有很高的戰略價值。對中國而言，台灣海峽是大陸南北運輸上極為重要的通道，中國商船每天通過台灣海峽的數目都超過100艘。中國大陸的主要海港有16個，其中10個在北部。但是中國沿岸航路是以南部海港為主，中國所必須的媒鐵、原油等物資，絕大部分都是經由南方航路運送。

（3）通往東南西北戰略地區的航路上，台灣是居於控制航路的重要地區。由台灣往北看，是通往亞洲太平洋地區經濟與科學技術最發達的琉球群島與日本列島、直達千島群島；往南看，是通往生產重要戰略物資的東南亞。此外，台灣海峽又連結太平洋與印度洋，是為控制中東原油亞洲航線之麻六甲、龍目等要地的重要海峽。向東看，從台灣海峽起到第二島鏈，可以在西太平洋自由活動。

（4）若中國能打開台灣及釣魚台（日稱尖閣諸島）這號稱通往遠洋大門的「門閂」的話，就可以打破中國沿岸地區的半封鎖狀態。反過來說，中國要是失去這些「門閂」，中國進出太平洋的大門就會被封鎖，華南與北方地區的海運路線就會被切斷，同時也會直接面臨到海洋發展上的「重大威脅」。

如上所述，台灣及其周邊海域，除為中國本身的「核心利益」之外，對日本及其他國家而言，也具有確保於該海域航行之自由與安全，以及維護國家利益的重要性。但是根據中國的戰略分析，中國並沒有將台灣海峽的航行自由及安全與其他國家共享的觀念。這是因為中國的戰略始終是以本國為中心的霸權主義思想所構築而成。

## 三、中國的動向—中國會成為霸權大國嗎？

### （一）中國的實力

自從中國明顯崛起以來，關於中國未來動向的各項研究有著各種不同形式。以章家敦（Gordon G. Chang）所著《中國即將開始崩潰》一書為其先驅[3]，作者以「只要一根小火柴，就會爆炸的汽油湖」為喻，指出中國共產黨政府將會失去其向心力，中國經濟亦會開始衰退，並預測「中國將在5年內崩潰」。

自此經過數十年後，中國非但沒如預測一般崩潰，甚至還於2011年超越日本，成為僅次於美國的世界第二大經濟體。此外，中國也逐漸在國際社會展現其外交與軍事層面的影響力，並有意建構其世界強國的地位。然而，章家敦所指出的共產黨幹部的腐敗、貧富差距與環境破壞，皆比十年前更加嚴重。不僅如此，少數民族問題與少子高齡化所來的社會矛盾化皆更加嚴峻，由此可看出其的危險性。

2012年11月，習近平從胡錦濤手上接下中國國家主席一職，他也接手這些燙手山芋，習近平如何應對中國崩潰的劇本呢？有

[3] 章家敦（Gordon G. Chang）著，栗原百代、渡會圭子、服部清美翻譯，《中國即將開始崩潰》，草思社，2001年出版。

三項代表模式可預測其對應方針或方向。

（1）在習近平任內就爆發無法有效處理各種國內發生的危機與問題。此乃是最糟糕的事態。

（2）不讓國內問題爆發，並防止其問題擴大，而將其問題交給繼任者。換言之，習近平將所有問題擱置，圖謀得以安全下莊。

（3）澈底解決社會矛盾，施行政治改革，並走向民主化的軟著陸。

綜合上述，單是中國內政是極為複雜、大規模且是非常不安定的問題，因此面對國內政治等根本性改革束手無策的國家，當然會產生是否能夠成為區域霸權或支配世界等基本疑問。

## （二）中國的外交實力

中國身為聯合國安理會常任理事國，當然可以經濟力與軍事力的強化，在國際社會上行使其極大的外交影響力。但因中國強化其打破現行國際秩序的動向，因此引發國際社會的反彈。今後隨著中國對外的強勢，勢必將引發更大的反作用力。

同時，中國在陸地上與14國相鄰、海域則與5國比鄰，合計中國總共與台灣及其他19個國家的國境線相連。此外，北韓與越南皆與中國在陸海域相連。正因中國被這麼多國家包圍在內，因此中國才會有「被包圍的恐懼」，而「萬里長城」的誕生正是其象徵。

與中國相鄰的國家之間，便產生其國境權力學，而浮現出因領土（國境線）、主權、能源、民族、宗教而產生的潛在性或顯著性問題。因此，中國周邊諸國才會存在對中國不安或抱有戒心的台灣、日本、俄羅斯、蒙古、印度、越南、菲律賓、馬來西亞等非友好或對立的國家。中國與上述該國皆存有領有權問題，因此安保環境可謂極不平穩，甚至可說是極不安定。因此，特別在國境問題上過度對他國警戒，當發生事態之際，皆不以和平方式解決，而有試圖一舉以「實力」解決事態之傾向。

也許中國自古以來懷有自我中心主義的中華思想，因此其主要外交政策之一即為「堅決履行獨立自主原則，不與大國或國家集體締結同盟或軍事同盟」之非同盟政策。雖然中國有上海合作組織、1961年與北韓軍事同盟的《中朝友好合作相互援助條約》，但若與美國相比，則在國際社會的同盟國或友好國家極為有限，並沒有區域性或全球性的相互合作援助網絡。

## （三）中國的經濟實力

中國的名目GDP[4]於2010年以5.9兆美元超越日本的5.5兆美元，成為僅次於美國的世界第二大經濟體。

根據世界貿易組織2013年貿易統計資料顯示：中國出口總額佔全球第1、進口總額僅次於美國，佔世界第2；貨物貿易總額達4.16億美金（約423兆日圓），超越美國的3.91億美金成為世界第1。此外，2013年年底外匯存底已達全球最高的3.66兆美金，並維持世界擁有最多美國國債的國家（2013年3月時約1.25兆美金）。由此推算，中國自2020年以後經濟規模將超越美國，成為世界第一的經濟大國；2030年，中國GDP將成為日本GDP的約140%。然而，從中國2013年人均GDP觀之，僅在全球排名第84位，甚至

[4] 名目GDP是以當年度的物價水準來衡量當年度的產值，實質GDP是以某一選定年度，稱為基期之物價水準來衡量當年度的產值。

比中南美的阿根廷（61名）、巴西（62名）、墨西哥（66名）還低。

中國勢必將步入其他國家的老路，即難逃「急速的經濟成長後，經濟成長率將開始下滑」之法則。不僅如此，隨著人口老化所伴隨而來的勞動人口減少，以及環境破壞（中國都市居民77%呼吸道異常）等嚴峻問題，經濟步入停滯時期，可能會先陷入「未富先老」的窘境。

除此之外，根據PHP所出版《知識最前端》一書中指出：「中國的政治體制屬於略奪型，倘若現今的狀況一直持續下去，那麼經濟終將停滯不前。」。依此論調，可看出中國經濟已開始步入衰退。由下圖可清楚得知，中國經濟自2012年以降開始出現急遽減速之傾向。

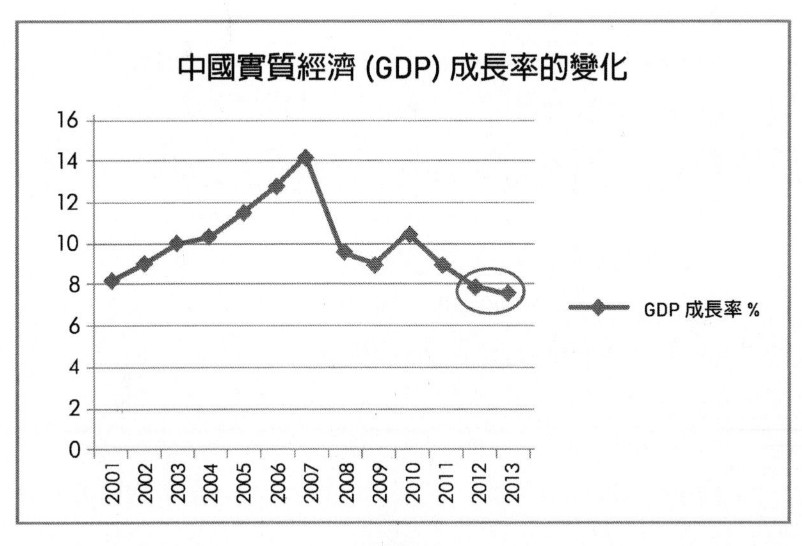


（圖3）

**略奪型（extractive）制度**

麻省理工學院阿齊默魯（Daron Acemoglu）教授、哈佛大學羅賓森教授（James A. Robinson）合著之《國家為什麼會失敗：權力、富裕與貧困的根源（Why Nations Fail: The Origins of Power, Prosperity, and Poverty）》一書，以「政治制度正是左右長時間經濟發展的成敗」為主題，將政治制度可區分為「略奪型（extractive）」與「包括型（inclusive）」，說明國家是否持續性地繁榮並非「略奪型」政治制度，而必須是「包括型」的政治制度。

「略奪型」係指「政治權力集中於少數人之制度」（如北韓、中美洲各國等地）與「政府統治無法及於國民的狀態」（如阿富汗、索馬利亞等地），中國則類似於前者，菁英階級利用自身特權地位擴大其利益、維護既得利益，所剩下的大多數人成為犧牲者的制度。

「包括型」意指政府藉由投資教育、提供基礎設施與公共服務來進行支援國民經濟活動，藉由政府的支持讓個人可以自由選擇職業、建立自己的新事業、進行投資建設，而所得到的財富，政府也會加以保障之制度。如日本、歐美就類似此種。

根據2007年出版的《趙紫陽軟禁中談話》一書中表示：天安門事件時表示理解學生運動的中國共產黨總書記趙紫陽，將擁有權勢的高官（擁有權力與權限的菁英階層）稱為「權貴」，地方黨幹部建立起「利益交換共同體」，在全中國進行「權貴資本主義」、「權貴市場經濟」的控制，並表示「現今的腐敗乃是制度下的產物」，類似於「略奪型」的制度，並表示民主型政策有其必要性。

中國於2002年11月第16屆中國共產黨黨大會中宣示，將建設國民人均GDP所得13,000美元為目標的「小康社會」。為達成此建設目標，必須在18年內維持連續7%～8%的經濟成長率，「維持7%以上的經濟成長率，必須有吸收大學剛畢業的勞動力，假使跌破7%將因失業問題而導致社會不安」。因此，維持經濟成長率維持7%的下限，是中國政府經濟營運的目標，但直至今日，中國的實體經濟大幅跌破7%的成長目標，今後中國將以5%成長做為其目標底線。

如前所述之《2030年，世界將會如何？》一書中指出：「中國做為全球第一經濟大國可能會極為短暫，……對2030年的中國而言，持續年成長率8～10%的經濟成長，可能只是『過去的榮光』罷了。」。

此外，如同冷戰時期西方陣營對蘇聯一般，與有共同價值觀及利害關係的民主主義國家加強合作。從2013年名目GDP觀之，美國、日本、印度、澳洲等四國GDP合計共達25兆772億美元。與此相比，中國GDP僅有9兆1814億美元，單單中國一國是無對抗之實力。如果美國、日本、印度、澳洲四國再加入歐洲（NATO）的經濟實力，則差距會更為明顯。倘若美中冷戰檯面化，難保中國不會重演蘇聯的歷史。

今後中國經濟減速難以避免，而中國也須擔憂伴隨而來之社會不安定化。此外，高喊「中華民族偉大復興」為國家目標而邁向「富國強兵」的中國，以其具規模的經濟實力強化其軍備，以國內「穩定、安定」統治觀點來看，對外亦展現其強硬姿態。

## （四）中國的軍事實力（兵力）

中國的軍事力（兵力）是以人民解放軍（現役正規軍）、預備役、人民武裝警察部隊及民兵所組成。

人民解放軍（中國軍）名為人民的軍隊，但並非如同各國一般屬於國家、國民的軍隊，實則為中國共產黨創立、中國共產黨中央軍事委員會所指導指揮之「黨軍」。解放軍軍種分為陸海空及第二砲兵（戰略飛彈部隊）共4軍種，兵力共229萬人，為世界最大的軍隊。

人民解放軍的陸軍共160萬人（世界第1）；海軍軍艦共146.9萬噸（世界第3）、艦艇965艘（世界第2）；空軍軍機共2579架（世界第2），並且擁有僅次於美俄兩國的核武戰力。

人民解放軍的預備兵力共51萬人，與預備役相當的武警約66萬、民兵約1000萬，合計預備役總兵力超過1100萬人，與現役解放軍合計總兵力共1350萬。以13億中國人口而言，1350萬人民解放軍約佔人口1%左右，大約100人就有1人是軍警人員。以上兵力（除武警與民兵外）資料，皆取自平成25（2013）年日本《防衛白書》。

因此，中國擁有全球最大規模的軍事實力（兵力）。然而，2012年9月服役的中國首艘建造的航空母艦「遼寧號」，是艘並未有其實戰經驗之航母，可視為是隻「紙老虎」。易言之，中國軍事實力（兵力）只是徒勞無功，從質的擴大、兵器系統或C4ISR的完成度、部隊作戰能力或統合運用體制、後方支援來觀察，才能看清中國兵力真正的實力。

另一方面，中國也開始展開法律戰，制定不少國內法，如

1992年《領海法》、1997年《國防法》、2005年《反國家分裂法》、2010年《國防動員法》，皆以軟實力面強化環軍事態勢。特別是《國防動員法》即是以國防相關法制之集大成，採取徹底國家總動員體制，該法適用於中國國內活動的外國企業、擁有中國居住權的外國人、滯留國外的中國人，對相關各國的安保、防衛方向有著重大影響的危險性，各國必須要有嚴重的警戒性。

中國所揭櫫的國家目標乃是「中華民族偉大復興」，而其支撐的兩個支柱為「漢族民族中心的國家建設」與「富強（富民強國）大國的建設」，中期目標為中國共產黨創黨百年的2021年、最終目標為中華人民共和國建國百年的2049年。

此國家目標為國家戰略、政策具體表明，中國國家主席習近平所言之「新型大國關係（new type of great power relationship）」以及「中美太平洋分割管理構想」（「太平洋夠寬廣，可以包容中美兩國」），鄧小平過去所提及的「公正且合理的國際政治經濟新秩序」，亦即構築「中華的新秩序」。

支撐著國防、軍事戰略，亦即「反介入／區域拒止（A2/AD））」戰略，排除美軍海空戰力的行動力於第一島鏈，至2020年前將防衛線擴大至第二島鏈，確立東亞的中國霸權性。最終結果是實力與效果及於印度洋，擴大至全世界的影響力。

中國以提昇「經濟力」並強化「軍事力」，透過此兩項硬實力為推進力，並以確立區域霸權與擴大國際「影響力」為目標。

中國公佈構築軍事力的國防費用，在名目上過去10年約提高4倍、過去25年約提高33倍以上的規模。但自1989年度以降，每年以兩位數國防費倍增（除2010年度外），實質軍事目的支出費用僅占一部分。美國估計中國的實質國防費用會比公佈的國防費用高出1.5～2倍。

國防費用的成長率以下圖觀之，可看出中國國防費用成長率超越中國GDP成長率。其結果即因軍事力增強近代化急速進展，開始展開無視國際法與國際秩序的進軍海洋。（註：中國軍事戰略與基於此所產生的軍事實力與中國軍隊動向，將在各章詳述，本項將其省略。）

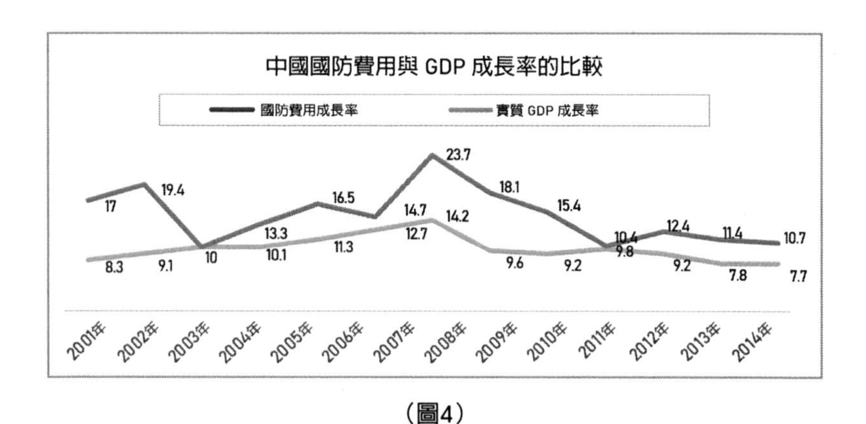


（圖4）

今後，預估中國經濟與步入停滯時期，但以經濟力規模的擴大而增大國力為背景，對外政策的推進與謀求國內穩定（安定），持續軍事實力並增加其速度，並強化其任務。此外，中國的軍事戰略以國家目標的達成目標時期，亦認清經濟困境、國內情勢、周邊各國對應與國際安保環境變化，藉由龐大的軍事影響力或直接行使武力，有可能會執拗、巧妙且高壓無情的遂行其軍事政策。

除此之外，國際社會普遍認知道中國的行動已超越經濟、軍事、政治、外交所認許的範圍，特別是中國軍事實力的增強與積極地進軍海洋，已明確讓周邊諸國備感迫在眉睫的威脅。對於此點，相關各國與國際社會對中國的動向也加強其警戒。

美國華府著名智庫戰略國際問題研究所（CSIS）首席顧問兼戰略家路特瓦克（Edward Nicolae Luttwak）在《自我毀滅的中國—為何無法成為世界帝國？》（日本由芙蓉書房社出版）一書中提出如下警告：「中國可能會發生極大的反彈，因為像現在這樣急遽擴大經濟力、軍事力在區域與全球的影響力，今後也許將不會持續進行。然而，倘若中國領導階層無視這些警告並強勢推行其政策，可能會因戰略逆轉的理論，導致無法增強國力，反倒激起的國內反彈會日益增加。」。

因此，中國周邊各國開始強化本國的軍事實力（防衛能力），並加深區域各國的同盟關係或安全保障合作，對崛起的中國而言，這就是有加強其嚇阻的反作用力。

此時，能與中國進行戰略對抗的唯一大國—美國，確立將維持亞太地區的軍事實力，原因在於一旦失去提供對同盟國的意志與能力，將無法扼止中國自我中心的挑戰。假使陷入這樣的情形，特別是東亞各國無意接納中國霸權、順從中國支配的話，那麼可能會面臨最糟糕的情況。

## 四、中國的軟實力

### 一、政治理念、行動原則

《中華人民共和國憲法》第1條規定：「中華人民共和國是工人階級領導的、以工農聯盟為基礎的人民民主專政的社會主義國家。」。依此規定，中國是共產黨一黨獨裁的社會主義國家。

根據日本外務省的資料，現今全世界共有195個國家（包括日本目前承認的國家有194國與尚未承認的北韓）。其中，由共產黨執政的國家不少，如歐洲的摩爾多瓦、賽普勒斯、聖馬利諾等國皆是，但憲法揭櫫社會主義為國家理念與國家政策，目前推動社會主義各項政策的國家，則只有蘇聯瓦解後的中國、北韓、越南、寮國、古巴等5國，在國際社會僅限於2.5%。

換言之，前述法蘭西斯・福山所提出的自由民主主義優位性與普遍性之「歷史的終結」，今日的國際社會中也能夠得到實證，大部分的國家亦是站在否定中國政治理念的一方。

此外，中國一直囚禁於中華思想（不平等上下關係的華夷秩序）之內。世界各國或各民族主張其主體性與要求對等立場，在國際社會多元化的趨勢中，接受華夏行動原則無法得到世界廣泛地支持。

## 二、國際公共財（全球共識）

中國為打破國際舊秩序，主張構築「公正且合理的國際政經新秩序」，但「中華新秩序」為何？至今也莫衷一是。

2009年12月7～18日，在丹麥哥本哈根舉辦的《聯合國氣候變化架構公約》第15次締約方會議（COP15）中，丹麥所提出削減溫室氣體的法案，遭到中國激烈抵抗與實質進展的妨礙，因此會議最終無疾而終。此外，正如前所述，中國近年明顯的進軍海洋，將加速對現今國際秩序的重大挑戰與挑釁行動。

觀察中國的對外行動，如今無法表現對「中華新秩序」的具體樣式。不僅如此，中國亦無法實現「作為大國的責任創造者」

或對國際社會「具責任的利害關係者（stakeholder）」，不如說中國是現今對全球治理的破壞者。

中國如今在經濟、軍事實力已是貨真價實的世界強國，但對自由、民主主義、人權、依法統治等國際社會共通的基本價值觀，以及與其對立的政治社會體制、華夷秩序的中華思想、國際秩序維持的新國際公共財等構想的缺乏來看，關於今後中國發揮新全球治理創造者的政治性領導能力一事，對此抱悲觀的人不在少數。

## 三、革新創造的可能性

開始步入衰退的中國經濟，也許會走上先進國家的後路，可能會暫時持續成長，但是也無法看出獨特性的真正價值，只是不斷逼進複製的死胡同。

今後中國的課題將發生對社會經濟的改革創新，必須做出獨創性的新產品、新技術、新系統，但妨礙其發展以略奪性政治制度、國有企業為中心之產業構造，以及無自由的公民社會、土地公有制等「創造性破壞」，吾人是看不見改革創新的動向。

此外，美國亨利·季辛吉在其《中國會成為21世紀的霸者嗎？》一書中有如下記述：

> 美國是史上第一個全球性國家。吸引著世界任何場所、膚色、信仰、宗教的人才，發揮他們的才能，建構出全世界的夢想。…但不可否認的，我們美國的經濟必須要修正。……（卻）並未失去對自由開放的社會之信賴。

綜合上述，美國創造出自由開放的社會、吸納出全球的人才，擁有革新、創造性的可能性巨大資產，才能成為領導世界的國家。

中國為迴避根本性政治改革，並維持現行的政治社會制度，必須壓制革新、創造的可能性，不論經過多久也不會發生對國際社會影響的改革創新。因此，中國並無經濟的永續發展、引領世界的構想力之可能性。

## 四、文化、語言

中國於世界各地開設「孔子學院」，在進行中文教育的同時，亦以宣傳中華文化與構建對中友好關係為目的。截至2010年10月，全球共96國家與地區設立332間，相當於分校的孔子教室亦有369間。

語言雖然是形成文化的基本，但對歐美各國與其他國家的人們而言，中文的語言構造（漢字系統）是極為困難理解的文字。中文要成為取代主導IT革命與產業革命數世紀的美英所使用的英文，成為全球性語言可謂是極為困難。英國《經濟學人》原著，文藝春秋出版，《2050年的世界》（第五章「語言與文化的未來」）一書中也預測：「英文依舊會一強支配，中文不可能成為全球性語言。」。

附帶一提的是，根據英國官方國際文化交流機構「英國文化協會（British Council）」的國際高等教育調查部門所彙整之「2014年美英學生希望留學國家」資料顯示：希望赴中留學的學生僅占1%，此調查係以美英兩國約1萬名學生為調查對象。其中美國希望赴中國留學的學生佔比，由2013年的第9名跌至2014年的第10名；英國也有2013年的第9名跌至2014年的第11名。此理由在於對中國強烈的抗拒感。

另一方面，在中國並不存在能排除全球化後擴及世界的美國文化影響力的文化魅力，甚至連「中華文化」的基本定義為何？中國對此亦無明確的答案。

易言之，中國要達成以語言、文化的影響力或中國技術性革新凌駕擁有全球化軟實力的美國之目標，可謂是極具險峻的挑戰性。

## 結語

2012年11月，中國共產黨第18屆黨大會選出習近平為中國共產黨總書記，依照以往慣例，中國至2022年為止將是習近平掌政的時代。

習近平被譽為「共產主義者的資本家」，日本《產經新聞》中國特派員矢板明夫在其所著《習近平：共產中國最弱勢的領袖》一書中表示：「習近平隸屬於現行體制下擁有特權與權力的親人子女或女婿所組成的太子黨，是在派系平衡中所誕生之『共產中國最弱的帝王』。因此，習近平為維持既有利益必須團結「權貴」階級，不得不採取否定改變現狀的態度，掌握前述的「第二條路」。或者習近平在掌政初期必須戴上假面具，慢慢地穩定權力基礎後才將面具拆掉，並實現自己的政策主張；但有可能會陷入『第一條路』或軟著陸至『第三條路』。」。

因此，在悲觀論與樂觀論交錯中，無論是進入何種劇本，對中國周邊各國或國際社會都有著很重大的影響。

綜合上述分析，中國在經濟與軍事實力上，無庸置疑是個世界強國。一旦擴大這兩項硬實力之影響力與支配力，首先是東亞地區將形成區域統合，其持續發展的結果，可想而知將擴大亞太地區至印度洋或全球影響力之戰略目標。

然而，若從現在來看未來的話，中國想要替代既有的國際公共財，必須提出受各國贊同的軟實力替代案。但中國是否能成為以本國為中心而確立的全球治理霸權大國，讓人不得不打一個很大的問號。

國際社會普遍接受自由、民主主義、人權、維護依法統治等共通價值，亦即上述所言之國際公共財。反過來看，中國至今依舊是堅持共產黨一黨獨裁、不改變全體主義與強權支配的政治體制，亦將自己困囚於中華思想之中。亞太各國甚至是全世界各國，也不會期盼見到一個以中國為中心的全球治理模式。

總而言之，中國若無法提供國際公共財這項軟實力，就不能取得具備全球治理為中心的霸權大國地位。

今後必將成為國際焦點的東亞地區，混雜著中華文明、日本文明、印度教與佛教文明、伊斯蘭文明、西歐文明等多項文明，因此區域政治的發展緩慢。然而，中國周邊諸國對於中國的大國化，以及否定代表「依法統治」之現行世界秩序，而一味要以權力改變現狀的做法，其決定力阻到底的決心是不可否認的。

因此，各國勢必構建強化防衛能力（軍事力）、他國或區域的安保與合作防衛之合作關係，並運用「約定（干預）」、「避險」、「平衡」等戰略性選擇；但「無法避免的戰爭」依然會持續下去。換言之，對中國應堅持「不懼不辱」之基本態度，預備面對無法預測的「最糟糕事態」之動向，並努力提昇其嚇阻力，對情勢變化及進展採取最適當的對應，才是東亞國家最聰明的選擇。

# 第三章　中國與台灣關係（兩岸關係）的現狀與未來

## 前言

中國在1949年10月1日建國時發表宣言指出：「本政府為代表中華人民共和國全國人民的唯一合法政府。凡願遵守平等、互利及互相尊重領土主權等項原則的任何外國政府，本政府均願與之建立外交關係。」。在此基礎下，主張世界上只有「一個中國」存在、台灣是中華人民共和國不可分割的領土。因此，揭示「和中國建交的國家必須表明斷絕一切和台灣的外交關係，必須承認中華人民共和國政府是中國唯一的合法政府」的「建交原則」，否定中華民國政府的正統性，在國際社會展開排除中華民國（台灣）的強硬外交。

中國的國家目標就如同席近平國家主席所說的是「中華民族的偉大復興」。香港和澳門分別在1997年和1999年回歸中國，接著若解決台灣這個所謂歷史遺留問題，「祖國統一大業得以完成，這是包含台灣同胞在內的全中國人民神聖的責任」（中國憲法前文），將台灣置於首要「核心利益」的位置之上。

鄧小平說：「實現國家統一是民族的宿願，一百年不能完成的話，一千年也要完成。」[5]。對於國共內戰的結果，到最後遺

[5] 齊鵬飛，《鄧小平香港回歸》，華夏出版社。

留統一台灣問題，這成為中國共產黨的悲願，認為只要台灣一天不統一，中華人民共和國就不算完成。因此，中國在2005年三月制定《反分裂國家法》，明載「在和平統一的可能性完全喪失的情況下，將採取非和平方式以及其他必要措施」，強烈表達台灣統一的國家意思，也成為對保有這個能力的人民解放軍增強近代化的最大理由。

中國對台灣的戰略途徑，首先如同胡錦濤總書記所說的：「若要得到台灣，首先要去到台灣島上，接著進入他們的家，然後進入他們的心。」[6]（入島、入家、入心），綿密地展開平時的競爭，再進而移轉到台灣不能統一情況下的武力手段，推動所謂的政治、武力兩種戰略同時進行的階段。

現在中國對台灣軍事的政治工作定位，積極展開「媒體戰」、「心理戰」還有「法律戰」的所謂「三戰」。政治、外交、經濟、文化、法律等等所有領域相互配合，針對台灣統一的環境條件，進行巧妙而且周全的安排。

其結果使得中國和台灣的經濟一體化急速的進展，中國的下一步是誘導台灣由政治對話進而政治統合。另一方面，中台之間的軍事均衡也急速地傾斜朝向中國的優勢。同時，對於台灣安全保障影響力最大的美國，採取再平衡戰略改變為對亞太地區重視的體制，但在強制削減財政的影響下，這種保障的實質效果是值得懷疑的。

中國將「中華民族的偉大復興」設為國家目標，並且設定中國共產黨成立一百週年的2012年為中程目標，中華人民共和國建

[6] 麥格雷戈（Richard McGregor），《黨》，草思社。

國百年的2049年為最終目標。

假如對台灣的政治對話沒有進展，政治統一失敗，和台灣的軍事均衡發展又佔優勢，美國對台防衛的承諾降低等等事態發生的話，從「反介入／區域阻絕（A2/AD）」戰略的推動和國家目標達成的觀點來看，對台發動軍事行動的選項可能性應該是非常高的。

蔣介石的中國國民黨在國共內戰失敗後逃到台灣。從此以後，台灣的國民黨政府一直認定成立中華人民共和國的共產黨為叛亂組織。長久以來，台灣處於戒嚴時期，以武力奪回大陸領土，也就是「反攻大陸」為目標。

中國國民黨（中華民國）政府和中國共產黨（中華人民共和國）政府各自主張具有「統治中國的唯一合法政府」的正統性，持續在國際地位的周旋中對立。兩個政府都主張擁有對方佔有的領土，堅持對立沒有讓步的姿態，因此台灣海峽兩岸的軍事緊張持續到今日。

從第二次世界大戰以來，美國一向是支持蔣介石國民黨的中華民國。1949年中華人民共和國成立，但是美國仍然視中華民國為唯一合法的中國政府，在往後的三十年期間和共產黨政府並沒有建立邦交。

美國和台灣藉由韓戰（1950-53年）以及第一次台灣海峽危機（1954-55年），簽訂《中華民國與美利堅合眾國間共同防禦條約》，簡稱《中美共同防禦條約》（1954年12月）。從此美國在台灣、澎湖諸島駐守以空軍為主力的美軍部隊來防衛台灣。

1960年代末期以來，隨著日漸激化的中蘇對立以及唯恐被蘇聯及越南包圍的中國，與有利於調解東西方冷戰以及想脫離越戰泥淖的美國，兩國的思維產生共識，於是兩國建交的交涉開始祕密進行。1978年12月15日共同發表《中美建交公報》，美國與中華人民共和國於1979年1月1日正式建交。

《中美建交公報》發表的第二天，《中美共同防禦條約》隨之失效，取而代之的是美國參眾兩院在1979年3月通過的《台灣關係法》，效力追溯到同年的1月1日。

第一次（1954-55年）、第二次（1958年）以及第三次（1996年）台海危機，美國都派遣航空母艦戰鬥群前來台灣海峽，以防止紛爭的擴大。

根據《台灣關係法》，美國繼續軍售武器給台灣，同時提供相關的教育訓練，補給完整零件等相關服務。從台灣軍事力量的整備、維持以及運用的範圍，來自美國的安全保障援助來看的話，現狀就是沒有美國就沒有台灣的防衛。

2008年以後，台灣當權政府的馬總統在「一個中國」的認知上，表明「三不原則」–「不統、不獨、不武」，可是被批判為是犧牲政治上的自立和安全保障來取得親中柔和政策的經濟繁榮。現在，台灣的經濟在未來很難脫離沒有中國的經濟關係。另一方面，目前政治上支持維持現狀的輿論占大半數，未來走向獨立的方向存在潛在的民意當中。台灣陷入經濟發展與政治獨立的困境當中，苦惱地摸索著未來的方向。

從安全保障方面來看，中國增強近代化軍事力量的速度遠超過台灣防衛力量的構築。如前所述，中台之間的軍事均衡急速地向中國傾斜。台灣國防部發布的《國防報告書》（2013年版）提出警告，「中國解放軍在2020年將具備全面進攻台灣的能力」以及「台海之間的軍事衝突危機仍然存在」。

中國制定《反分裂國家法》，規定為武力統一台灣而強化軍事力量的「核心利益」，落實這種態勢的準備。另一方面，台灣在安全保障對美國的依存度大幅提升，依照《台灣關係法》，美國對台灣的安全確保負有責任。這樣的基本結構一直都沒有改變，可是現在的美國迫於中國的壓力，擔心美中關係的惡化，對於是不是有必要對台灣安保提出援助，產生躊躇的傾向。

現在中國開始對於美國的對台軍售安全保障協助提出反對，今後應該會更強烈的責難，很明顯地，美國如果不再繼續強化對台灣軍事援助的話，失去後盾的台灣要維持現狀是很困難的。

台灣問題不僅是當事國台灣的生存安全，對於美國的亞太戰略以及包含日本在內的東亞區域安全和平有著重大的影響。美國對台灣的未來如果不擔負明確責任的話，美國的同盟國以及中國周邊的國家必定會受到不可計數的衝擊。

# 一、中國的國防軍事戰略

## （一）對中國國家安全環境現狀的認識

2011年出刊的《中國周邊安全環境評估報告（2010-2011）》，對於中國面對的軍事安全保障環境的綜合判斷，提出下列諸項目：

（1）隨著中國的國力和國防的近代化發展，國家的安全保障大幅提升，可是中國仍然面對很多安全保障上的挑戰，突發性事件及局部的軍事衝突可能性存在，但是大規模的武力侵略及全面戰爭的可能性則完全沒有。

（2）彼此摩擦有時候會發生，但是中國和世界各國的相互依存日益增深，為彼此利益會減少重大的軍事危機產生。

（3）中國和世界各國有責任擔負日益共同安全的必要性，增加安全保障的協助和對話，找出增進軍事性的相互信賴。

（4）雖然中國周邊國家發生不穩當的行為，可是基本態勢沒有遂行顛覆中國的基礎戰略。

（5）美國轉移戰略重心到亞太地區，對中國的壓力增加，可是有很多制約的要因存在，美國要對中國集中注意力及資源是困難的。

（6）中國的地緣性政治安全保障環境複雜而多變，可是中國的國家安全保障方向始終掌握在自己的手中。

文中指出，綜觀國際情勢，大規模戰爭的可能性幾乎沒有，世界各國的互助共存關係日益加深，即使美國再平衡戰略，集中的戰力也有限等等，顯示出樂觀的認知。

另外，在中國的戰略關係文獻中，傾向強調海洋戰略的重要性。中國指出海洋的地緣政治價值、海底資源的存在、做為海上交通動脈的價值、作為國民經濟一環的重要性。肯定海洋是對於人類全體經濟發展不可欠缺的巨大空間。

因此，海洋是人類共通的資產，也是人類爭奪的場所。根據地緣政治學的理論，以軍事力作為後盾，南海（南中國海）、東海（東中國海）、黃海等三個海洋的進出必要性受到重視。在整個樂觀的評價和比較之後，中國將緊張度高漲的陸軍戰力轉換為海洋方面，戰略性地將資源做合理的分配。

南海（南中國海）方面，由於周邊大國的加入而顯得混亂，加強對中國聯合抵制，增加軍事費用，推動海空軍的建設，展現出對南海的高度警戒。

黃海方面，由美國主導的美日韓同盟頻繁活動，俄國對於南千島群島（日本稱北方領土）的主權強烈表示擁有的態勢，南北韓對峙的朝鮮半島以及北韓核武問題的解決停滯。特別是對於美國航母戰鬥群的頻繁演習，中國表示應該要提高警覺。

東海（東中國海）方面，首先是和日本的海洋資源開發、國界問題及釣魚台歸屬問題日益加深對立。中國屢次受到日本的挑戰，在這海域上加強偵查、監視、警戒、測量等等的活動，凸顯將日本看得比台灣重要的態勢，展露出對日本敵對的意識。中國絕口不提日本的抑制性對應，而只是片面指責是日本的挑釁行為。

關於台灣，台灣當局的演習目的和國防白皮書依然是將中國當成假想敵，持續採購先進的武器裝備。特別是2010年花64億美元從美國採購黑鷹直升機、愛國者飛彈等防禦性武器。進一步而言，美國考慮到台灣的安全，出售F-16C/D型戰機來強化反擊能力。列舉台灣國產的反艦導彈、巡航導彈、對導彈能力的研究開發，中國將各式導彈設備當作是一種威脅，更指責演習活動的頻繁。如此一來，中國目光集中在台灣方面防衛能力的提升，因其合理發揮對中國的抑止效果。

2007年，中國在胡錦濤總書記提倡下，開始主張「遠海防衛」。目前的海洋戰略受重視的順序，先是紛爭頻繁的南海，其次是美國航空母艦積極活動的黃海。關於全面性的海洋戰略，則是加強與周邊國家在各方面衝突深化的警戒，增強防衛力量的對抗策略。

在東海方面，對於日本的強勢敵對姿態，超過以「核心價值」和「國土統一」為目標的台灣。從中國的戰略方針反映出，對於日本尖閣群島（釣魚台）為首，到琉球群島的重視，不管在時間上或是戰略上，都優先於統一台灣。

中國在展開全球經濟活動的時候，若隱若現的敵對勢力，最有威脅感的還是美國。中國對於美國採取的北亞、東北亞、東南亞、南亞、中亞五方麵包圍，一方面採取遏制包圍政策，增加與這些國家的接觸，另一方面對美國採取所謂的「警戒與競爭」戰略。但是對於台灣的獨立還是無法認同，認為美國聲明「中國對台灣行使武力的情況下，美國必定防衛台灣」的曖昧戰略，是妨害祖國統一的最大威脅。

## （二）中國的國防軍事戰略

中國的國防軍事戰略不像美國一樣是有組織性的公佈，假如沒有完全明白內容是無法對以下論述加以理解。

前面談過中國的國家目標，引述習近平國家主席所說「為了實現中華民族偉大復興的中國夢，必須持續的努力奮鬥」，指的就是「復興偉大的中華民族」。為這個目標，需要更積極的展開外交工作，尋求最適合追求國家目標的國際安全保障環境，同時在內政上實行政體的經濟建設和國防準備，實現富國強兵的中國。中國在朝小康社會建設的過程中全面性推進，在此時特別是要重視領土的完整、台灣的統一以及防止國家分裂。

「復興偉大的中華民族」在地理範疇上很難明確的界定。平松茂雄教授所著《中國的安全保障戰略》（勁草書房）一書中指出：

> 至少在目前統治中國的中共領導人心中，中國的主權和領土並不是現在所看到的中國國境（即所謂的領土）。存在過去漢民族所統治的地區就是「中國領土」，也就是「中國版圖」的強烈意識。因此，「中國被帝國主義列強所奪去以及主張的領土範圍」有日本的庫頁島、俄羅斯的哈巴羅夫斯克（伯力）州及沿海州、朝鮮半島（南北韓）、西北地區（現在的哈薩克、吉爾吉斯和塔吉克斯坦的一部分）、帕米爾高原、尼泊爾、錫金、不丹、印度東北部的阿薩姆邦、緬甸、泰國、馬來亞、老撾（寮國）、越南、柬埔寨、印度的安達曼群島、菲律賓的蘇祿群島、台灣、琉球群島等等，歷史有記載的中國周邊一帶地區。中國共產黨及領導者存在將這些地區奪取回來的「收復失地主義」的思想。

中國具體的國家對外戰略政策就是習近平主席主張的「新型大國關係（new type of great power relationship）」以及「寬廣的太平洋有足夠空間可以容納中美兩國」的G2論（世界分割管理構想）。過去鄧小平也表示「公正而且合理的國際政治經濟新秩序」，也就是構築「中華新秩序」。

支持這種論述的中國國防戰略，產生所謂的「反介入／區域阻絕（A2/AD）」戰略。將美國的海空軍戰力屏除在第一島鏈以外，到本世紀中葉將防衛線擴大到第二島鏈，確立中國在東亞的霸權。同時，中國要將這股力量和效果延伸到印度洋，擴大成世界性的影響力。

中國在南海積極部署SSBN（彈道飛彈核子潛艇），就是考慮使用跟美國保持核武均衡的戰略核武，排除戰術核武來永久抑止世界性規模的戰爭發生。另一方面，站在形勢認知道發生「信息化條件下局部戰爭的可能性」提高，將強化戰鬥能力成為軍事近代化的核心。換句話說，中國是以所謂經濟力和軍事力的硬實力做為槓桿，擴大統治權和影響圈，企圖確立構築中華新秩序的區域霸權。

## 二、中國攻台的情勢和軍事平衡的現狀

本節將針對中國方面攻台的情勢和中台之間軍事平衡，參考中國、台灣、美國各自的立場見解，從多方面的分析研究中國對台灣的進攻能力和形勢。

### （一）中國各種侵台情勢

中國方面並沒有自己攻台情勢的直接記述文件，可是存在著這樣的暗示。其中一個例子就是為了要抑止台灣陳水扁總統政權的台獨理論，中國方面為對陳水扁總統增加壓力，在2005年9月出版以《中國台海軍事-美日何去何從？》為主題的文件。在該文件中，中國明白表示對台灣採取武力行動的情勢是值得考慮，可是中國給人軍事力強大的印象，卻是急著發出以威嚇手段為目標的事情，這點有必要深思理解。

以攻台所使用的裝備和作戰機能來看，在上述《中國台海軍事》一文中列舉出以各種導彈為首的陸海空戰力及特殊部隊。此外，其他文件也列舉出網路攻擊、太空武器、核生化等等的大規模破壞性武器，三戰（心理戰、媒體戰、法律戰）等等。中國根

據這樣的作戰機能組合進行以下一系列作戰的可能性，這些作戰是逐步升級同時進行直到台灣方面屈服為止。其內容包括：

（1）活用三戰策略，利用輿論擾亂剝奪抵抗的意志力。

（2）利用一系列的特殊部隊作戰擾亂，作戰時期透過網路的攻擊、電子戰、電磁脈衝波作戰（Electromagnetic Pulse簡稱EMP）、在太空進行衛星攻擊等等，對台灣軍隊進行資訊化作戰機能的破壞。其內容包括指揮（Command）、管制（Control）、通信（Communications）、電腦（Computer）、情報（Intelligence）及監視偵查（Surveillance & Reconnaissance），簡稱C4ISR機能的破壞。

（3）根據狀況對台灣近海進行非核彈道飛彈的恫嚇。

（4）對台灣方面的機場、港口、軍隊司令部設施進行飛彈奇襲攻擊，空軍、兩棲部隊使用化學生物武器等大規模破壞武器，開始進行全面性的軍事攻擊。

（5）同時開始為取得空優、海優的航空作戰及潛艦作戰。

（6）初期階段對台灣方面的重要人物、領導階級、軍方司令部設施進行攻擊。

（7）隨後利用各式飛彈和戰機集中攻擊，減弱台灣方面的兵力，阻止部隊移動集結，攻擊各種基礎設施及部隊駐防基地。

（8）取得海空優勢、減弱台灣陸海空戰力之後，實施渡海登陸作戰。

然而，無論甚麼階段的升級作戰，美軍介入的可能性都會發生，中國都要以最慎重的思考來面對這些情況、時間、條件的判斷。今後美中對台灣周遭的軍事平衡已經是中國佔有優勢？在美軍因為主力移轉其他地區而受到約束的情況下，是否可在必要時以足夠的力量增援台灣？這些都是值得思考的問題。

關於第八點，本文在下節有詳細描述，中國軍隊全面性實施各種級別的威脅、不斷進行各個作戰階段，從平時的軟殺作戰到核武作戰，中國統合各種戰力，包括太空、網路的電磁空間等等多次元作戰空間，在優越戰力下同步進行戰力結構的開發部署。

這樣的戰力實際上會發揮到甚麼程度是另一個問題，但是中國解放軍以這樣的作戰態勢，作為構築對美軍總合戰力的目標，這是毫無疑問的。特別是建議一貫性的戰略思想，就是假想對美軍直接作戰的各種軟殺行為，以及非對稱作戰的手段運用部署，針對台灣軍隊的弱點及美軍援助時間的間隙，在短時間內剝奪台灣方面的抵抗意志，在美軍全面介入之前結束戰爭。

### （二）中國的登陸作戰能力

在《中國台海軍事》一書中，中國對台灣渡海登陸作戰能力和進攻模式有下列記述。

如果對台灣發動登陸作戰的話，解放軍在爭奪台灣海峽的制空權、制海權、電磁空間控制權方面，先不必和台灣軍隊爭奪近海的金門、馬祖等島嶼，必須馬上對台灣本島進行進攻。

解放軍的兩棲作戰部隊、海空軍和第二砲兵部隊緊密聯合之下，從海上強襲登陸，突破台灣軍隊的海岸防衛線，解放軍的兩棲裝甲部隊在強大火力支援下，發揮機動力和防護力，登陸後快速的發動連續攻擊。

兩棲部隊和機械化部隊迅速在海岸防衛線突破之後，對台灣軍隊的海岸防衛線進行縱深攻擊，擴大建立堅固的灘頭堡，掩護後續登陸的裝甲師團和機械化步兵師。

大規模的裝甲師團和戰車部隊以及重裝甲機械化步兵師登陸後，利用台灣已經建設好的高速道路系統，在空軍和陸軍航空部隊的掩護下，儘管在沿岸和沿岸的周邊道路會與台灣軍隊發生戰鬥，但是結合傘兵部隊和特殊部隊，直取台北、高雄，迅速占領各大都市。

首先是佔領大都市，一旦解放台北、高雄等都市的話，基本上對台灣的主要戰爭也已結束，此點有著這層重大的意義。因此，登陸作戰策略是多方位的、多地點的，無論何種順序的戰略結合，一舉佔領政治經濟中心才是重要。

為達到這樣的策略，近年來中國海軍部隊一方面大幅增加各種新型的登陸艦艇的建造速度及規模，另一方面，利用改革開放的成果，將民間船舶和漁船從平時改裝運用成做戰用，然後還結合各省軍區、各分軍區、人民部、地方的海運、交通、漁政部門，利用該等管轄區內的民間船舶載送各種水陸兩用裝甲車，該漁船和船員編成民兵的骨幹。另外，做為事前準備的一個環節，策定戰時的改造計畫，將其部分的改裝零附件加以保管，一旦緊急時就可以直接改裝應用。

1996年台海危機以來，解放軍的各省軍區、各分軍區、武裝部的各部隊，實施沿海民船、漁船的戰時動員編組改裝，重點在軍事戰鬥的組織編成。推動大量民兵預備役和編組海上運輸部隊的組織化，多次參加重要的軍事演習，以密集重度計畫來訓練部隊。同時，將目前的軍隊祕密藏在民間，中國民兵預備役的海上運輸部隊已經訓練完成，一旦即時動員的話，就可以擔任運輸的軍事海上運輸部隊。

因此，中國在1996年台海危機以後，就以整備動員體制進攻台灣的機會，將國家的整體力量加以動員，迅速的活用民間相關部門的運輸力量、人員、造船能力等等，使用大量的中小型船舶，在多方位多地點進行不分順序的登陸作戰演習。如前所述，中國更將漁船改裝成可以搭載水陸兩用車，運用改裝漁船的各種裝備，和正規部隊一同參加作戰，展示能執行台灣海峽渡海兩棲作戰的自信。

縱觀所述，中國的渡海作戰能力和進攻的情況，雖然說是稍嫌誇張，但是從實際進行漁船改裝和整備動員體制，和正規軍隊一體運用的可能性來看，這個能力是不能低估的。還有，渡海作戰的成功，首先必須要取得海空方面的優勢，必須要明確的區別分析其能力是否伴隨著足夠的水陸兩棲作戰能力。

### （三）從台灣看中國的威脅和今後的對中戰略

對台灣來說，中國還是主要的軍事威脅，對台灣戰略帶來很大影響的原因是下列三點：（1）隨著中國的軍事性政治性的力量急速成長，「反介入／區域阻絕（A2/AD）」的能力提高；（2）美國調整亞太戰略，削減預算，推動「再平衡」戰略；（3）中國方面提高對於爭議中的海域和島嶼的要求。

環顧台灣海峽的情勢，目前雖是處在緊張的狀態，但台灣方面卻很放鬆，這是基於「一個中國，各自表述」的合意下，「兩岸關係和平發展，擱置紛爭，共創雙贏的關係，朝向長期安定化和制度化慢慢地前進」的共同認知。可是，這樣的認知是非常政治性的產物，台灣國防部對於中國的警戒心絕對不應鬆懈。

台灣目前關於中國戰略的具體認知還沒有公布，可是台灣在2013年的「四年期國防檢討報告（Quadrennial Defense Review）」指出：「中國訂定以台灣為目標的作戰方針和計畫的政策，特別是南京軍區，引進新式武器系統，提升對台灣的種種進犯能力，中國的軍事訓練目標是迅速的結束島嶼作戰，減少預想中外國人介入的可能性」。另外，中國對於美國對台軍售的抗議依然沒有改變，阻止台灣防衛能力的改善。進一步而言，中國隨著所謂的三戰戰略-法律戰、媒體戰、心理戰，透過宣傳和兩岸交流進行對台灣的民意統戰，同時以對台軍事行動正當化為目標。

中國的軍事威脅有下列幾項：（1）特別是針對第一列島線以西總合的情報、監視、偵查能力。（2）由第二炮兵團所擁有的反艦彈道導彈等等的導彈打擊能力。（3）統合長程新型超音速戰鬥機、支援機、無人機等等，更多的攻防均衡的航空作戰能力。（4）以遠海防禦為目標，針對台灣部分海上封鎖的可能性，提升兩棲作戰能力的海軍戰力。（5）空對地作戰、快速打擊、特殊作戰能力，提升打擊力的整體地面作戰能力。（6）活用民間力量的情報電子作戰能力。（7）注重「複雜的電子電磁波戰」和「統合作戰」、大規模的軍事演習。

另一方面，台灣軍隊正面臨著防衛資源不足、出生率下降、災害派遣的平時任務增加、網路安全性等等的新課題、國民對全面性戰爭威脅的認識下降種種問題。

到2005年為止，台灣在國防理念及軍事戰略，都採用預防戰爭堅決防守的戰略守勢。但在2006年的「國家安全報告」當中，認識到恐怖主義、「三戰」、網軍等等新型態的威脅增加，世界性的國防態勢產生變化，特別是中國持續性的武力增加，為了因應現實，不僅是守勢，站在必須自身擔負的國際義務，守護安全的立場，轉變成積極主動的戰略方針。

台灣方面的國家防衛政策有下列幾項：（1）全新的非對稱性思維，統合和民間力活用為基礎能夠信賴的架構。（2）透過增加國防預算的資源分配顯示、強化動員態勢，顯示防衛意志。（3）藉由領土問題和亞太各國聯合，護持區域性的安定。（4）提高國防意識、增加軍隊團結和紀律、推進改革、強化戰鬥能力。（5）強化防災和救援準備態勢。（6）促進志願兵精神。（7）改善兵員的衛生。

其中，國家防衛政策的「全新的非對稱性思維」最受注目。這個「非對稱思維」連美國也都在批評，但面對來自中國方面的軍事費用增加，軍事力近代化，無法做正面對抗的危機感，台灣重視非對稱戰爭的戰略思維終於誕生。國家防衛政策納入非對稱思維戰略，是在軍事、外交、經濟、情報・教育、科學技術、防災、民間防衛、社會福利等等國家政策的所有方面，前所未有的創新。可說是採取和中國方面不一樣的非對稱效率的政策。

在國家防衛戰略當中，為「預防戰爭」而採取如下措施：（1）強化防衛性的態勢、裝備、技術，「全新的非對稱性思維」能力及戰力的基礎設施防護等等，提升防衛作戰的順應性；（2）促進與第一島鏈區域內各國的軍事安全保障方面的交流；（3）推動軍事外交、實行軍事改革、促進研究開發，同時增進軍民合作、提升軍隊士氣等等，強化國防力量；（4）關於中國越過台灣海峽建立軍事安全保障信任的提案，制定慎重評估可能性的對應方針。

另外，在本土防衛上面有下列措施：（1）養成小規模但是優越而聰明的志願役兵制下的精銳部隊。（2）重視長程精密交戰能力和同步的統合作戰，建立高效果的統合作戰能力。（3）隨著非對稱性能力的開發和國內開發困難的新式武器的取得，建立新式武器系統。（4）保持支援在交通、通信、能源、儲備物資、電力網等等軍事力量的後備力。（5）提高愛國心教育、防務合作精神，調整各單位之間的總力戰防衛態勢，提升預備兵員動員能力的維持，構築總力戰體制。如此的本土防衛確立重視小規模但是擁有高度能力的菁英正規軍和三軍統合及軍民一體化的總體戰態勢。

在國家防衛戰略中的「因應緊急事態」有：（1）提升偵查、監視、早期預警能力。（2）完整的緊急事態因應體制。（3）增強緊急處置能力。（4）提升防災和災害救援能力。（5）提升情報保全能力。其中，針對防災和災害救援方面，充實軍事作戰用和災害派遣用的兩用裝備，可是貴重的軍事資源轉為民生使用時，產生過度重視災害派遣裝備的問題，資源分配方面也產生問題。同時，在強化緊急事態因應能力，只有談到一般危機管理的原則，缺乏具體的內容。令人懷疑這點對「因應緊急事態」的態勢說明不夠清楚。

除此之外，國家防衛戰略的內容，對於「迴避爭議」、「地區性的安全」等等，關於中國侵台的對應措施也沒有提到具體的方案。

在「軍事戰略」的項目，首先列舉下列五項任務：（1）相互支援的堅固防禦據點，重視戰略的續戰能力和戰術的決定性戰力，足夠堅決保障國家領土安全的防衛。（2）考慮敵人的戰爭經費及風險，足以信賴可以粉碎敵人侵略意圖的威攝力量。（3）為了保持在戰時維持與外國世界通行的能力，維持海空後勤聯絡線的能力，處理封鎖的能力。（4）偵測敵人進犯路線，集中優勢戰力，延遲敵人接近本土，統合防阻作戰。（5）對登陸敵人，全面戰爭態勢的處置，橫跨縱深防禦系統的組織化，足以阻止敵人登陸及設置據點的陸上防衛。

如此一來，台灣的軍事戰略採取縱深戰略，憑著堅決的防衛意志，突破敵人封鎖，與外界保持聯絡，多重阻止敵人接近本土，對即使登陸的敵人，以整體戰對付來阻止設立據點。

## （四）美國看中國的對台戰略

美國國防部在2013年對國會報告關於中國軍事力當中，對於人民解放軍對台戰略進行以下分析。

中國高唱「一國兩制」，可是從不放棄行使武力的可能性。如果台灣正式宣布台灣獨立、進行實質走向獨立的活動、台灣內部社會發生動亂、台灣擁有核子武器、台灣無限期拖延談判統一問題、外國勢力干涉台灣內部問題、或者外國軍隊駐留台灣的情形，得以行使武力。

美國國防部估計，對於人民解放軍武力侵台的型態假想各種劇本。首先是（1）慎重欺騙暗示準備行使武力行動；其次是（2）使用奇襲手段在他國介入之前以迅速的軍事行動或者是能夠解決政治性的問題。再來是（3）假如無法迅速解決的時候，阻止美國介入，但是失敗的時候就一方面拖延介入，一方面藉由非對稱的限定而且迅速攻擊得到勝利。最後（4）戰事陷入膠著，追求政治解決。

在海上的戰鬥方面，中國會對前往台灣的船舶強行檢查，以發射導彈為理由進行海上管制海域的設定，對台灣進行實質的海上封鎖。這個方法曾在1995、1996年嘗試過，可是中國進行海上封鎖引起國際社會的反彈以及過於低估招來軍事升級的可能性。即使在今日，中國大概還沒有強行全面性海上封鎖的海軍力量，但這方面的能力預估在往後的五到十年會有顯著的增加。

在政治、軍事、經濟的範圍，中國說不定在檯面上或是暗地裡祕密進行對台灣某種程度的破壞行動。這種情形包括電腦網路工作攻擊，合併使用有限度的物理破壞，在對台灣的政治、軍事、經濟目標攻擊的同時，進行特殊部隊滲透攻擊台灣的基礎設施或是重要人物。還有航空導彈攻擊方面，短程彈道導彈的目標攻擊和精密攻擊，以防空系統、空軍基地、雷達基地為目標，剝奪台灣政府和國民的抵抗意志。

在水陸兩棲作戰，部分作戰概念成為主要的統合島嶼登陸作戰，這些作戰結合海空軍戰力和兵站的支援以及電子戰，突破台灣西岸南部及北部的海岸防衛線陣地，建立灘頭堡，強化兵員和物資輸送的戰力，持續的奪取重要目標，順利的占領全島。人民解放軍有能力在各種短時間內進行全面的水陸兩棲作戰。還有事前的準備，能夠對台灣統治的南海的小島嶼進攻，也可能對金門、馬祖進攻。隨著這樣有特定限度的進攻，能夠增加誇耀軍事性能力的壓力，可是在反作用上，也會產生刺激台灣人民的獨立意識和國際性的支援提升的重大政治風險。

大規模的水陸兩棲作戰是最複雜困難的軍事作戰，要成功取決於是不是能夠確保海空的優勢，還有是否能夠迅速建立登陸後暢通的後勤補給路線。隨著進攻台灣，中國軍隊背負著很大的負擔，甚至導致國際的介入。這樣的負擔伴隨著都市的戰鬥和武裝起義的鎮壓作戰的複雜化，對台灣的水陸兩棲作戰是承擔重大的政治性軍事性的風險。特別是台灣方面的基礎設施朝向堅固化的努力和防衛能力的增加，中國方面要達成目標變得困難，分析認為中國要在這樣的作戰，還沒有建設到擁有和美軍相當的水陸兩棲運送能力。

### （五）現狀概述

從以上美台的分析來看，現狀是能夠持續維持渡海攻擊時的海空優勢，不斷地增進海空戰力的現代化，台灣方面稍微維持質優的地位，人民解放軍要對台灣實行全面海上封鎖或是對本土進行大規模的水陸兩棲作戰都是很困難的。

可是目前對於接近中國的離島，中國擁有局部的海空戰力優勢，隨時都可以佔領奪取這些離島，還有藉由網路攻擊的軟體，特殊部隊的破壞工作，導彈攻擊等等的非對稱攻擊方法，隨時可能對台灣方面進行擾亂或者是恫嚇。

接近中國的日本領土有包括釣魚台（尖閣群島）的琉球群島（南西諸島），中國方面的統合軍事能力隨時能夠實行對這些特定目標的攻擊，而且水準一直在提升。必須要給予萬全的注意。

## 三、未來中國的海洋戰略和台灣海峽的軍事均衡

本節將分析中國海洋戰略的未來走向，台灣對此的因應和美國的評價，思考未來的台灣海峽軍事均衡的變遷，以及中台關係

對日本的影響。

### （一）未來中國海洋戰略的基本方向

中國海洋戰略專家張世平提出：「從南洋到外洋，從外洋到全球」，點出中國今後做為一個新興國家，國家的軍事力發展應該採取的方向。他認為要將國家的利益蔓延到全世界，提供通往世界的戰略性海上通道有效的安全保障，確實保障中國勃興的實現，是中國海軍的基本任務。「在全球展開，保護遠洋的海上運輸線」是中國海軍的戰略性選項。

從海洋進出的目標設定觀點來看，在有關中國海洋戰略的文獻上有主張第一、第二、第三等「三個島鏈」的重要性。因此，由擔負「螺栓」效果的島嶼群形成所謂「三連一包」的「三個島鏈」，是美國對中國所構築的軍事性包圍網。

由約20名中國戰略專家所共同執筆的《中國地緣安全環境評估報告（2010-2011）》，記述著第一島鏈是從日本的九州到馬來半島，當中有韓國、日本、台灣、菲律賓、印尼、汶萊等國家。第二島鏈的核心是關島，有美國海空軍在西太平洋最大的基地。第三島鏈的核心是夏威夷群島。這是中國的戰略專家們共同的認知。不僅是第一、第二島鏈，連以夏威夷為核心的第三島鏈，都以地緣政治學概念明確提到，此點實在讓人注目。

前述的張世平對這種島鏈思維提出以下批判，更描繪出中國向世界的海洋擴張到全地球的構想。除個人的主張之外，現實的海軍戰略影響所及到什麼程度，暗示島鏈觀念的現代意義的意味深遠。

根據他的主張，「島鏈」對中國海軍的建設是很重要的概念。對中國海軍的發展有個牽引的影響力。第一島鏈涵蓋中國的黃海、東海、日本的琉球群島（南西諸島）、中國的南海、菲律賓群島等等。第二島鏈有千島群島、北海道、南方群島、馬里亞納群島、加羅林群島、新幾內亞島等等。還有第三島鏈是阿留申群島、夏威夷群島、萊恩群島（線島群島）等等所形成。無論是哪一個島鏈都存在海權的問題，以這些島鏈概念做為中國一步一步走向海洋的階段性目標。

但實際上這些都是一種觀念，一種大陸性的海上權力概念，沒有明確的方向指示，是侷限性很大的問題。中國面臨的海洋在東方，中國主要的海岸線是在東邊，在歷史上西方列強及日本侵略都是從東邊來的，現在世界上最強大的的美國海軍也是在東方。不然的話，中國的海洋生命線不是只在太平洋，同時中國也就不需要在太平洋西側的第一、第二、第三島鏈內行動的自由權，所以說島鏈概念對興盛中的中國來說，不再是「解放」而是「桎梏」。

進一步而言，張世平作出以下說明。中國需要的海上權力是全球性的，太平洋、印度洋、大西洋、北極海等等一個全方位的海上權力。中國的利益在世界擴散，中國的海洋活動也就是到全世界，中國的責任遍及世界。「近海防衛-遠海防衛（海到海）-維持世界和平（海到陸）」，這是中國海軍必然的歷史發展，強調「遠洋保交」是中國海軍所有的目標方向。

基於這樣主張的話，中國海軍沒有必要堅持島鏈概念，而是以世界上海洋的所有廣泛活動為主。可是，島鏈概念當中，中國海軍的世界性活動並不充分，透視這樣的海上權力，現實的軍事均衡變成不合理的展望。中國鄰近地區的核子及非核子彈頭的各式導彈戰力和地面配置的戰鬥機等等限定的戰力投射能力，中國保持取得在鄰近地區對美優勢的局部軍事均衡的水平，是中美目前軍事力的現狀。沒有擁有像美國航母戰鬥群的中國海軍，要有世界性戰力投射的可能性，應該要花相當的時間。關於這點，張世平也強調有必要研究使用航空母艦恫嚇的問題。

因此，離開本土掩護的中國海軍，以自由在世界海洋行動為前提的海上權力全球化論，雖說是展示遙遠未來的目標，可是也顯示現在中國的海洋戰略。實際上，現在是確保在第一島鏈內自由的行動，嘗試著在第二島鏈進出的階段。

張世平的主張受到注目的地方是第二島鏈是包含千島群島和北海道，明確的包含鄂霍次克海和日本海以及加羅林群島。往南邊延伸，還有第三島鏈的夏威夷群島，不只如此，還包含從阿留申群島到萊恩群島（線島群島），幾乎是涵蓋全西太平洋。

這意味著在確保第二島鏈的階段，是暗示著排除美軍在日韓的基地，包含日本和俄羅斯遠東地區，從日本海到鄂霍次克海都可以自由行動的意思。還有從小笠原群島連接到關島、馬里亞納群島、加羅林群島、新幾內亞島也都被視為是第二島鏈的進出範圍。

中國目前在面臨日本海的北韓羅先地區進行大規模的投資，整建港灣、鐵道等等的基礎設施，不久的將來，從日本海到鄂霍次克海，甚至為獲得從北太平洋到北極海海域的海上權力優勢做佈局。中國海軍如果掌握從日本的北海道到千島群島進出日本海的海空優勢的話，意味著日本將受到中國跟北韓來自日本海方面的威脅，還有南韓也被包圍在其中，日本將面臨國家防衛上的重大困難。

還有第三島鏈幾乎是覆蓋整個西太平洋區域，中國整建遠洋型航空母艦，可預見的是以長期掌握西太平洋的海上權力為目標。這意味著2008年在美國參議院軍事委員會聽證會上，前美國太平洋司令基廷的證言，他在2007年5月訪問中國時，中國海軍少將楊毅提出美中以夏威夷為基準點，將太平洋東西分割管理的構想。

在世界性的海上權力確立以前，中國以西太平洋的霸權擴張為目標，從沿岸到近海，近海到遠洋的海洋霸權確實擴大，是中國海洋戰略的基本方向。

## （二）長期中國海洋霸權確立的瞭望和影響

對台灣的主權完全不承認，是中國的戰略專家對前述台灣戰略價值的見解，另外完全不顧慮對其他國家的領域主權和海洋公海的自由行動原則等，無視國際法的規定與慣例，不顧其他國家的主權，明顯是片面自以為是的解釋。

另外，中國軍方的長期性戰略目標很明顯的是以武力為背景，在西太平洋追求海上霸權。但是這樣就必須要整建一支至少能夠排除美國在西太平洋海上霸權的海空軍戰力、戰略導彈部隊。還有以遠洋型航空母艦為中心的遠洋海軍建設也是進出第二島鏈線以外不可或缺的。

整建支配這樣廣闊地區霸權的戰力，需要龐大的預算和新式的裝備及訓練人員，可是中國在今後數十年間是不是能夠有承受這樣軍事擴張程度，包含經濟、技術等總合性的國力建設，這點是個疑問。

例如，到2030年以後，中國不可避免地急速高齡化，假設中國經濟成長長期的下降。隨之而來的不得不抑制軍事費用的擴張。儘管這樣還要強行增加軍事費用的話，中國國內不滿的聲浪高漲，發生像前蘇聯一樣，從內部導致體制的崩壞。

習近平國家主席，循著黨控制軍的模式，要求國家資源有效率的分配使用。來自黨方面的要求，今後在軍事武力建設的時候，恐怕可預期到環繞在黨和軍之間預算分配對立加深的情形，應該看到對軍方發出的警告。

中國在地理上是三面連接陸地的大陸型國家，在歷史上除了近代的西方列強和日本以外，一直因為北方游牧民族的侵略而困擾。對於中國的戰略專家所說明的，關於追求西太平洋霸權而長時間集中國家資源的必要性和可能性，還是欠缺說服力。中國的地理條件、歷史、經濟成長、軍事力建設的平衡等等考量的話，要確立西太平洋的海上霸權，預期是很難順利的進展。

對於台灣來說，美國在亞太地區的存在和訪問的機會增加，擴大友好關係的構築，為促進軍事性改革做出很大的貢獻。

2011年11月，美國歐巴馬總統在澳洲的會議上，對於往亞太方面的戰略重點移動（pivot）當中，可能擔心和中國關係的惡化，提到同盟國家的軍事現代化時，完全沒有提到台灣。但對於這點，他卻在美國國會發表美台關係的緊密化，能夠抑止中國對台灣強行使用武力，對保障台灣海峽的和平有長期的效果。因此，在美國對台灣價值的評價，主張應該根據《臺灣關係法》，強化對台灣安全保障及防衛關係的觀念是根深蒂固的，中國企圖以武力占領台灣的話，美國履行對台灣防衛承諾的不明確可能性，應當要維持更高的水平。

中國想要在西太平洋握有海上霸權的話，無論在哪一個階段都無法避開和美國對決。為要確定西太平洋的霸權，首先必須要控制從日本的琉球群島（南西諸島）到本土全部、台灣、韓國等等，這也無法避開和這些地區國家的軍事對抗。可是軍事抵抗力消失，對日本、台灣、韓國來說，等於是喪失主權獨立，這些國家為了生存應該會試著全力抵抗。

總而言之，由政治、外交的壓力來看，要達成排除這些抵抗，不使用軍事力量的或然性是不可能的，無論在哪一個階段，中國和這些國家之間發生軍事性衝突的可能性是無法否定的。日本、韓國是美國的同盟國，美國對台灣也有履行承諾的義務。在這種情況下，美中的衝突是不可避免的，或許由這裡牽連到南亞和中東的正面紛爭也是有可能的。這個意味著中國的區域霸權追求姿態，對今後的世界秩序和安定是個危險的挑戰，國際社會在21世紀對中戰略的建設，在安全保障防衛上是優先的而且是共同的問題。

如前所述，即使在習近平體制下的中國，按照和平統一路線，緊密經濟關係，要求台灣對中國的依存度加深的同時允許移民，以言論工作等等的「三戰」為手法，從內部軟化台灣獨立意志的戰略，是今後長遠的追求。

如結果可以不戰而達成實質統一台灣任務目的的話，說不定就沒有使用武力的必要性。可是，對中國方面統一的政治上壓力和軍事上威嚇，台灣民意反彈越來越強烈。如果在某個時間點發生獨立運動檯面化的情形，按照《反國家分裂法》的規定，必須要充分思考轉為行使武力的可能性。

台灣人民也表態維持現狀，對於導致武力攻擊的事情，台灣人民本身也不希望看到。可是，今後中國的軍備再繼續增強，台灣人民陷入獨立和經濟兩難的複雜心情，加深實質性統一的恐懼，造成政治的、軍事的情勢的話，就不能保證不會發展出所謂不測的事情。

## 四、美國看中台軍事均衡的動向

如前所述，美國國防部對中國解放軍進攻台灣的能力評估，認為有限定在離島攻擊和非對稱作戰的可能性，但是要對台灣本島做大規模進攻的能力還不是很充分。但在往後的五年到十年，估計在全面海上封鎖的能力可以有重大的改善。這意味著十年後有可能出現美國無法突破中國海軍海上封鎖的狀況。

另一方面，隨著美國的介入台灣糾紛的準備，依然是中國解放軍軍事力近代化的主導因素，美國冷靜地做出下列提升能力的分析。例如在導彈戰力方面，隨著短程彈道飛彈攻擊空軍基地、雷達站、導彈、太空相關設施、指揮通信中樞等等，剝奪台灣的防衛力量，說不定就讓台灣的政府和國民的抵抗意志喪失。

空軍方面，配備能夠攻擊台灣範圍的大量無給油新式戰機，在對台作戰時獲得航空的優勢和提升對地面攻擊的能力。另外，在中國配置大量的長程防空導彈飛彈，對台灣軍隊的反擊形成強力的防衛網。中國空軍的作戰能夠藉由支援機接受情報、監視、偵查支援。

海軍方面，提升對空對艦戰鬥能力，發展可靠的海上海底核武制止力，在台灣海峽發生紛爭時，導入能夠攻進台灣的新型平台。攻擊型潛艇、多功能艦艇、第四代海軍飛機取得在第一島鏈的海上優勢，設計規劃成能夠抵抗所有第三國介入的戰力規模。

中國海軍在真正進攻台灣的時候，必須要有進行大規模水陸兩棲作戰的渡海運輸能力，目前可能沒有十分充足的能力，但是今後要能夠保有這種能力。

對於地面部隊也增加攻擊直升機等等新式武器，增加統合訓練的機會。包含水陸兩棲作戰，在全天候或是夜間按照現實的作戰計畫進行。網路工作也加以改進，可以在部隊之間、部隊內部傳送即時的數據、改善作戰時的通信指揮能力。進一步而言，更新中國陸軍的防空裝備，提高執行對台灣各種任務上不可缺的、重要的通信指揮中樞和設施的防護力。藉由這樣的陸軍裝備改善，要渡過台灣海峽固守灘頭堡，強化水陸兩棲作戰能力是當然的要求。

台灣以前因為人民解放軍欠缺台灣海峽渡海能力、台灣的科技優勢、島嶼的地理有利因素，可以阻止中國的侵略。但是由於上述人民解放軍的新裝倍增強，這些有利因素大部分都將失去功效。因此，台灣要努力的增強戰備，養成防衛產業，改善統合作戰能力，提升將校和士官的能力，補強這些對應能力下降的部分。

但台灣以「小規模但是智慧的強大軍隊」為目標，廢除志願役，削減最終目標兵力在275,000到211,000之間。台灣在2014年12月完成計畫，籌措整建小規模軍隊的財源，充作志願役士兵的薪資改善和給付金，但即令如此也沒有辦法維持志願兵役的成本。再者，在志願兵役制度的基礎，要挽留兵員留在部隊所花的成本，會壓迫到從國外購買武器、在國內武器裝備取得計畫、維持短期訓練或是立即反應狀況等等的財源。

現在公布的現役兵員人數已經減額到235,000人，台灣的國防預算也下降到GDP（Gross Domestic Product 國民生產毛額）2%，已經達到馬總統規定的3%以下。中國公布的國防經費是台灣的約10倍，要認知檢討台灣的國防經費沒辦法和中國對抗，防衛計畫被創新的非對稱作戰手法打亂的事情。

針對這點，美國採取「一個中國」的同時，也維持《臺灣關係法》，反對無論哪一方改變台灣海峽現狀的立場。美國今後會基於《臺灣關係法》，提供台灣自衛的必要性防衛武器裝備及服務。美國自2010年以來已經軍售台灣120億美元的武器，美國也表態要推動台灣的F-16A/B型戰鬥機的改造計畫，包含台灣空軍訓練和零件提供，防衛性武器和裝備品，高達58.5億美元的軍售案。

## 結語

如此從全盤的狀況來看，美中台三國之間在沒有互相糾紛的範圍下，台灣海峽繼續維持微妙的軍事平衡，在不破壞「維持現狀」的基盤下，進行著政治的外交策略，可以無可奈何加以了解，但要明白最終相互的目標是不相容的。

中國標榜「一國兩制」的同時，也以武力行使來阻止台灣的獨立，無論何時都以完成台灣統一做為國家目標。另一方面，台灣民調的結果來看，在年輕世代浸透著台灣人意識，被中國統一是大多數國民所拒絕，心裡期待著台灣成為獨立國家。可是，公開表態這個意思又不想受到中國方面武力攻擊和威嚇，所以大多數國民希望「維持現狀」做為消極的理由。

總而言之，目前台灣海峽發生紛爭的可能性並不高，可是中長期的變化因素是中國軍隊渡海攻擊能力的改善，這點台灣陷入不能有效抵抗的狀況。針對這個趨勢，雖然有美國的支援及強化防衛性裝備，但是也有中國的妨礙，導致無法順利進行的情況。像目前這樣，台灣海峽的軍事均衡慢慢崩壞，中國10年後可能對台灣進行全面海上封鎖，甚至說不定有可能渡海進攻台灣。必須提早採取恢復台灣軍事均衡的實效性措施。

特別是2021年是中國共產黨創黨100周年，2049年是中華人民共和國建國100周年。中國也宣布在2050年左右和美國二分太平洋統治權的長期性戰略目標，中國共產黨必須要在這個時間點完成兩岸統一。拒絕美國的介入，不戰而能夠屈服台灣方面的抵抗意思，目標是取得兩岸之間軍事均衡的壓倒性優勢，預計在今後每年增加二位數軍事費用的投入，繼續進行強化軍備。習近平國家主席高唱「富國強兵」，表明2014年度的軍事費用比前年度增加12.2%的預算。

從中國目前為止的動作判斷的話，現在及不久將來的軍事均衡，不能排除為實現離島所有權主張的登陸奇襲作戰，以及為達成較少政治性風險目的而區域性行使武力的可能性。此時進攻的型態是以網路、特殊部隊、導彈等等非對稱性戰力為主體，限定區域目標的奇襲進攻。但是中國方面也十分清楚這樣的事情一但發生，可以預見到會招致美國的介入，可能發生軍事性的衝突，也會有很高政治性的、外交性的障礙。

相反地，在中國和平統一的名義下，台灣方面繼續自制的話，隨著時間的過去，可能出現在中國軍事威脅下被迫在政治上屈服的狀況。台灣方面沒有有效的對策，今後再十年過去的話，中國也有可能對台灣本島渡海進攻等等，中台之間的軍事均衡將會傾向於中國優勢。如果這樣的話，美國對台灣的軍事支援在當前情勢下會有困難。期待美國的有事救援將會落空，孤立感加深的部分台灣人民將會做出獨立的行動，恐怕說不定會發生前述誘使中國武力進攻的事情。

為迴避這樣的事態發生，強化台灣防衛的軟硬兩面態勢，回復維持兩岸之間的軍事均衡是當務之急。這點台灣方面也十分清楚，全力投入提高國民的國防意識，武器國產化、近代化，整建整體戰的態勢。

但是考量到和中國國力差距，台灣自己的努力並不充分。美國、日本等國和台灣是共同擁有自由民主主義的國家，在強化推動和台灣的經濟、外交、文化等等非軍事方面交流和關係的同時，也有必要日漸提高推動對台灣安全保障對話、強化武器的援助和共同開發、共同訓練等等安全保障方面的協力關係。

特別是和台灣鄰近的日本琉球群島，和台灣同樣位於挫敗中國進出太平洋野心的「螺栓」地理要衝位置，和台灣的安全是一體不可分的關係。還有對貿易立國的日本而言，東南亞、中東等海上通道的安全，對台灣沿岸的航行安全有很大的依存關係，日本應支持台灣儘可能恢復軍事均衡，此點也直接關連到確保日本安全的重要課題。

# 第四章　美台安全保障關係的現狀和未來

## 一、美國軍事安全保障戰略的基本與台灣

台灣的生存和安全同時受到中國的態度和美國的戰略所影響，特別是美國對台灣防衛的意思和承諾的態度。

美國的軍事安全保障戰略是以美國海軍預備役少將阿弗雷德・賽耶・馬漢（Alfred Thayer Mahan）的「海軍戰略」為基本，這個戰略體制是將軍隊的主要戰力留置在美國本土（CONUS），然後以太平洋及大西洋歐亞大陸周遭的重要地區・據點為前線布置所需部隊，維持其間海上通路（Sea Lane）的安定以及確保通商和資源的暢通。因此，萬一歐亞大陸發生明顯威脅時，可以先由前線部隊應對，也可以從美國本土調集主要部隊，或是從其他方面調動戰力完成外線性、攻擊性的作戰。這就是儘量在美國本土以外就擊敗敵人，保障自己國家安全的境外決戰戰略。

19世紀以來，展開工業革命的美國，一直以清帝國（中國）為中心，做為確保亞洲市場或捕鯨船靠港補給物資為目的，此點可從1853年強迫日本開港的黑船（佩里來航）事件觀見端倪。其後，美國以1898年美西戰爭的勝利而佔有菲律賓。

台灣對美國的重要性，可從明治初期日本外務省聘用精通遠東情勢的顧問，也是前美國駐廈門領事查爾斯・李仙得（C. W. Le Gendre 法裔美國人、退役少將）的談話中得知。他曾經建議

說：「如果佔領從北邊的樺太（庫頁島）到南邊的台灣等一系列島嶼，對中國大陸形成半月型的包圍，再加上以朝鮮半島和滿洲為立足點的話，可以保障日本帝國的安全，統御東亞的時局。」[7]，這種地緣政治學的安全保障觀，成為日本展開外交政策和國防政策的基本概念。

同時，李仙得的論述或許也反映出美國安全保障戰略在地緣政治學方面的考量。結合台灣和菲律賓對中國大陸形成包圍的同時，做為向中國大陸發展的立足點，完成前方展開戰略所需掌控的緊要地區，這是很容易可以察覺的道理。

另外，杜魯門政府的國務卿艾奇遜（Dean Gooderham Acheson）曾於1950年1月12日表示說：「美國的防衛線是連結阿留申群島-日本-沖繩-菲律賓的線」（被稱為艾奇遜線），而因此向共產世界發出放棄韓國和台灣的錯誤信息，成為韓戰爆發的誘因，對於後來的美台關係也有很大的影響。

之後，由於韓戰（1950-53年）以及第一次台海危機（1954-55年）的契機，美國和台灣於1954年12月締結《美利堅合眾國與中華民國間共同防禦條約》（以下簡稱《中美共同防禦條約》）』。在該條約交涉過程中，杜勒斯國務卿對該條約關於「適用範圍」的部分做出下列敘述，對艾奇遜發言所傳遞的「錯誤信息」做出明確修正。[8]也就是說，『連結阿留申群島的「鎖鍊」-日本、韓國、琉球（沖繩）、台灣‧澎湖群島、菲律賓、東南亞部分區域以及澳洲、紐西蘭，將中國大陸包圍的連繫線，這條「鎖鍊」是美國在考量亞太地區安全保障所不可或缺的。』。

[7] 伊藤潔，《台灣》，中公新書。
[8] U.S. Department of State, "Foreign Relations of the United States 1952-54.

## 二、美台關係的演變
## ——從「失去中國」到美中國交正常化

甲午戰爭後，日本根據馬關條約（1895年）領有台灣以及澎湖群島，一直到二次大戰之後，日本在國際法上持續統治該地。1945年10月25日，根據盟軍最高指揮官麥克阿瑟的命令，在台日軍投降後，中華民國的軍隊進駐台灣。其後，日本在1951年依照舊金山和約放棄台灣。

二次大戰期間，美國在美日開戰前實際上提出的最後通牒—「赫爾備忘錄」（HULL NOTE）中，於第二項六條要求日本「在軍事上經濟上都不支持設置在重慶臨時首都的中華民國政府以外的任何中國政府或政權」，一貫支持由國民黨蔣介石率領的中華民國。

二次大戰結束後，美國對中外交可說是「失去中國」的開始。1949年10月，中國共產黨在國共內戰中取得勝利，成立中華人民共和國政府。可是，美國仍視中華民國為唯一合法的中國政府，在往後三十年間並沒有和共產黨政府建交。相對地，毛澤東也始終拒絕和支持蔣介石的美國建立關係，而採取「對蘇一面倒政策」[9]。

之後，美中之間發生直接交戰的韓戰（1950-53年），還有第一次（1954-55年）及第二次（1958年）台海危機，一直到1972年2月歷史性的美中破冰（尼克森總統訪中），朝向國交正常化

[9] 《人民日報》1949年7月1日。

而改善關係為止，除非正式的接觸之外，雙方基本上是持續著對立關係。

1971年7月，負責國家安全的美國總統顧問季辛吉（Henry Alfred Kissinger）祕密訪中，進行美中關係正常化的交涉，在朝向美中關係正常化的背景當中，中國的宿疾在於「對包圍的恐懼」。

重視傳統「圍棋」思考模式的中國，當時北方中蘇邊境和所謂蘇聯附庸國的蒙古一帶有集結大批部隊的「北極熊」（蘇聯），東方是從日本到朝鮮半島、台灣的美軍基地，南方是受到蘇聯支持的越南，西南邊是因國境問題而衝突的印度（1960年代發生中印國境糾紛）等等，處於四周被包圍的受迫觀念中。中國為消解戰略性的被包圍態勢，只能儘量遠離美軍基地，同時在阻止蘇聯南北夾擊的動機中，摸索可以採行的戰略。

特別是1969年3月中蘇因珍寶島（俄語稱達曼斯基島）事件[10]爆發武裝衝突，激化東西冷戰下的中蘇對立（東方內部的對立），中國感到蘇聯對中國包圍網的形成，以及稱霸世界霸權行動的危機感。同時，中國有想排除蘇聯透過以創設印度支那聯邦（越南、柬埔寨以及寮國）為目標的越南，開始在東南亞扶植蘇聯影響力的想法。另一方面，美國也思考著巧妙利用中蘇對立，分化東方共產勢力，形成東西冷戰對其有利的局面。

此外，當時美國最優先的課題是希望能夠脫離和得到中蘇支

[10] 珍寶島位於中國黑龍江省虎林縣境內，在中蘇界河烏蘇里江主航道中線的中國一側，面積0.74平方公里。1969年3月，中華人民共和國和蘇聯因珍寶島發生武裝衝突，雙方數次易手後，最後就被中國實際占領。直到1980年代後期，戈巴契夫為緩和中蘇關係，確認珍寶島為中國領土，這一系列的衝突也被稱作中蘇邊境戰爭。

援（支援主力是蘇聯、中國只是形式支援）的北越之間的戰爭泥沼[11]。因此，美國期待中止越戰中來自中國的軍事援助，於是雙方利害關係一致，美中兩國認為有協調關係或是「並行戰略」的必要性，所以開始探索這個策略。

擔任交涉的美國總統顧問季辛吉在著作《中國》[12]一書中提到，「中國為了關係正常化的條件很明確，從來沒有動搖過。那就是『美軍完全撤離台灣』、『放棄中（台）美共同防禦條約』、『與中國的外交關係對象只限於北京政府』。這是中國在《上海公報》的立場」。尼克森總統接受這樣的條件，在1972年2月21日閃電訪問中華人民共和國。

1972年2月27日，美中發表《上海公報（關於美國總統尼克森訪問中國的美中共同聲明）》，確認美中關係正常化的諸項原則，以及雙方對於台灣問題的立場。美中雙方在《上海公報》關於台灣問題的確認事項（要旨）如下：

**中國方面**

（1）台灣問題是阻礙美中關係正常化的主要問題。

（2）中華人民共和國是中國唯一的合法政府，台灣是中國的一省，早晚是要回歸祖國，解放台灣是無論任何國家都無權干涉的中國內政問題。

（3）美國必須從台灣撤出所有的軍隊以及軍事設施。

（4）中國政府堅決反對任何目的在於製造「一中一臺」、「一個中國、兩個政府」、「兩個中國」、「臺灣獨立」和鼓吹「臺灣地位未定」的活動。

---

[11] 美國參與越戰是1960年12月到1975年4月。

[12] 《中國（下）》，岩波書局出版。

**美國方面**

（1）美國認識到在臺灣海峽兩岸的所有中國人都認為只有一個中國，臺灣是中國的一部分。美國政府對這一立場不提出異議。

（2）美國政府再次確認對於中國人自己和平解決臺灣問題的關心。

（3）考慮到這一個展望，美國政府確認從臺灣撤出全部美國武裝力量和軍事設施的最終目標。

（4）在此期間，美國政府將隨著這個地區緊張局勢的緩和，逐步減少在臺灣的美軍數量和軍事設施。

尼克森總統及其繼任的福特（Gerald Rudolph Ford）總統，都表示持續對台灣的安全保障提供某種程度的支援，同時強調如何和平解決台灣問題是美國政府所關心的事項。

再下一任的卡特總統則提出「確認尼克森及福特兩位總統所接受的原則」、「強烈聲明美國希望和平改變的立場」、「中國默許美國對台灣某種程度的武器銷售」的新方針[13]。在和新中國首任駐美大使柴澤民的談話中，美國表明考慮到如不再對台灣銷售武器的話，台灣會被迫走上開發核武的道路，因此強調對台灣軍售的必要性。

受到卡特總統邀請到華盛頓訪問的鄧小平國家副主席，對美國的立場表示認許，從而實現美中關係的正常化。兩國在1978年12月15日發表《中美建交公報（中華人民共和國和美利堅合眾國關於建立外交關係的聯合公報）》，於1979年1月1日正式建

[13]《中國（下）》，岩波書局出版。

交。《中美建交公報》發布的隔日（12月16日），美國廢棄《中（台）美共同防禦條約》。

《中（台）美共同防禦條約》締結以來，美國在台灣・澎湖群島部署以空軍為主力的駐守部隊，但因隨著和中國邦交正常化而廢棄該條約，於是在台駐守美軍於1979年完全撤出。之後，美國在1979年3月由參眾兩院通過《臺灣關係法》，效力追溯到同年的1月1日。

## 三、《中（台）美共同防禦條約》的締結

### （一）整體

《中（台）美共同防禦條約》是在1954年12月2日簽字完成，其後歷經四分之一世紀，對美台間的相互協力援助扮演重要角色。

美國在1979年1月承認中華人民共和國為中國的正統政府而建立邦交。隨之而來的是《中（台）美共同防禦條約》在1978年12月16日失效，美台間的關係畫上休止符。該條約的締結是在1950年6月發生韓戰和第一次台海危機（1954-55年）的契機之下，由台灣方面主動提出建議所發展而成。

從美中在韓戰直接軍事對決的經驗來看，第一次台海危機是韓戰的接續，美中之間蘊藏著必將發生大規模軍事衝突的危險性，為此美國希望藉由《中（台）美共同防禦條約》的簽訂來平息危機。

美國藉由與蔣介石率領的國民黨政府簽訂《中（台）美共同防禦條約》，來形成對台灣及對中國的安全保障政策基礎。這個

基本政策是：（1）著重在避免和中國的大規模軍事衝突；（2）阻止中國以武力「解放台灣」；（3）給予台灣安全保障上的保護；（4）封鎖台灣方面採取反攻大陸等對中國軍事行動的可能性。

在歷經第二次台海危機（1958年8月），以及隨著中美邦交正常化而使《中（台）美共同防禦條約》失效，再接著制定國內法的《臺灣關係法》之後，這個基本政策在實質上還是確實地被維持繼續。

## （二）條約締結及其前後經緯

關於《中（台）美共同防禦條約》的締結，台灣方面的目的是要求美國緊密地在安全保障防衛上協助與合作，同時承認國民黨政府的正統性，謀求提升在國際上的地位。另一方面，美國則擔憂下列問題，因此在條約簽訂時就採取保留的消極姿態。亦即，

（1）美國擔憂簽訂《中（台）美共同防禦條約》會攪亂當時列為最優先課題的組成「東南亞公約組織（Southeast Asia Treaty Organization，SEATO）」關係國的步伐。

（2）對於艾森豪的共和黨政權而言，有必要在政治上關切擔憂和台灣簽署共同防禦條約有捲入美中、美蘇全面戰爭（第三次世界大戰）可能性而表示反對立場的民主黨。

（3）美國擔憂《中（台）美共同防禦條約》的「適用範圍」如果涉及中國大陸的話，將會刺激中國。

（4）美國對於以金門、馬祖、大陳島為首的國民黨政府統治下的大陸沿岸諸島（相關地區與領域）提供保護的

話，可能導致立足這些島嶼的國民黨政府提高「反攻大陸」的可能性。

另一方面，在1954年7月底到8月期間，中國大規模升高「解放台灣」運動。中國認為《中（台）美共同防禦條約》是「對中國公然的內政干涉、主權侵犯」，宣布「中國人民斷然無法接受」。中國認為美台的安全保障同盟、在亞洲地區組成的SEATO，還有檢討由美國、日本、韓國以及台灣組成安全保障架構——東北亞條約組織（Northeast Asia Treaty Organization，NEATO）的構想等，這些動向都是企圖封鎖中國。對於《中（台）美共同防禦條約》展開澈底的批判，同時蓄勢待發地採取斷然的措施，從而著手展開「解放台灣」運動。

1954年7月，在台灣海峽近海，先是發生一架飛往香港的英國民航客機在海南島附近被兩架中國戰鬥機擊落的事件，然後又發生被派遣在台灣海峽近海巡航的航空母艦所搭載兩架戰鬥機，受到兩架中國空軍戰鬥機的偷襲，同時對其展開迎擊的事件。美國政界出現對中國強硬的論調，國內輿論也產生變化，認為有必要確保台灣海峽周遭地區安全的意識高漲。

同時，1954年9月SEATO組織成立，而對於無法參加的台灣形成在地區的孤立，因而產生提供某種程度上安全保障保護的必要性。

如前所述，美國建立一種基本認識，即連結阿留申群島的「鎖鍊」（日本、韓國、琉球・沖繩、台灣・澎湖群島、菲律賓、東南亞部分區域以及澳洲、紐西蘭的連繫線），將中國大陸圍堵在西側，而這個「鎖鍊」是美國在考量太平洋地區的安全保障所不可欠缺的。

換言之，美國認識到，美台在安全保障上的合作，在美國地緣政治的政策目標上佔有重要的一角，並且連接SEATO和NEATO，甚至對上述『鎖鍊』在東亞地區構築集體安全保障系統的布局具有重要意義。正好在這個時期發生第一次台海危機，從而加速條約的締結交涉。1954年12月2日完成《中（台）美共同防禦條約》的簽署。

為了對抗這項行為，中國在條約簽署後的1955年1月，對大陳島再度展開攻擊，試探美國對實施《中（台）美共同防禦條約》的反應如何。但是由於美中雙方都不希望發展成為直接的軍事對決，因此事態並沒有擴大。

對於中國再度發動攻擊，艾森豪總統在美國國會通過《台灣決議案（Formosa Resolution）》。本決議案公開表示，在台灣海峽發生事情，中國軍力向「台灣・澎湖群島」還有「相關地區與領域」採取行動的時候，美國總統有基於《中（台）美共同防禦條約》決定介入的可能性，對中國提出警告。

1958年8月，中國再度對金門砲擊，引發台海危機（第二次台海危機），美國表示「相關地區與領域」包含金門在內，明白宣布防衛該島的意思，從而解除台海危機。以後台灣海峽再也沒有發生大規模的危機。

因此，《中（台）美共同防禦條約》是嚇阻中台間發生紛爭，謀求台灣海峽的安定化，同時期待做為避免美中軍事衝突的安全瓣，可說是按照美國的意圖而發揮有效的功能。

### （三）藉由條約締結的過程形成美國對台和對中的安全保障基本政策

回到第一次台海危機發生當時，中國利用美國主導的朝鮮半島到東南亞的安全保障體制架構尚未完成之際，乘機對台灣展開攻擊，認為可以曝露美國在東亞地區的戰略弱點。接著在1954年9月3日，中國以「解放台灣」的第一步，對金門島展開砲擊，爆發第一次台海危機。對於中國砲擊金門島一事，美國增強在該島附近的美國艦隊武力，同時派遣第七艦隊加強台灣海峽的警戒，但一直沒有提出緊急對應的基本方向。

美國統合參謀本部（以下簡稱「參謀本部」），在危機發生當日進行對情勢反應的協議，達成「大陸沿海諸島的防衛是『重要（IMPORTANT）』的，可是由戰略性來看，對台灣・澎湖群島的防衛而言並不是『必要（ESSENTIAL）』的存在」的共識。美國參與大陸沿海諸島的防衛分為「積極派」和「消極派」。當時美國的軍事專家普遍認為「美國若不和中國交戰，則對大陸沿海諸島的防衛是不可能的」、「除非引發美中戰爭，否則防衛大陸沿海諸島是沒有價值的」。

如此，美國參謀本部有所謂的「強硬派」，擔心由於中國砲擊而喪失金門的話，很可能給台灣政府帶來致命性的心理打擊，使得在亞洲地區的非共產國家士氣低落。因此，對於中國的軍事行動，美國應該積極支援以金門島為首的大陸沿海諸島防衛行動，甚至不惜攻擊中國大陸，也不排除使用核武的選項。美國參謀本部有人主張採取這種強硬的立場。

另一方面，艾森豪總統是所謂的「慎重派」，對參謀本部的金門島戰略價值見解，並沒有很高的評價。他認為當前的危機並不是限定在「小競爭」，美國如果介入大陸沿海諸島的衝突，將不只是誘發美中之間的戰爭，甚至有可能發展成美蘇全面戰爭（第三次世界大戰），表示對此事重大畏懼的想法。於是，他堅持使用非軍事性手段，也就是接受「聯合國安理會停戰案」，藉以平息此次台海危機。

杜勒斯國務卿表示：「一方面美國介入大陸沿海諸島防衛的場合，有可能最後發展成美蘇戰爭，但另一方面中國的金門砲擊可能是中國刺探美國反應的作法。假定美國放棄介入大陸沿海諸島的話，中國的軍事行動將會升級，有可能威脅到遠東地區的韓國、日本、台灣、菲律賓「反共防衛陣線」。美國將會陷入「一個可怕的困境（A Horrible Dilemma）」。」。

最後，艾森豪總統認為美國如果直接介入台灣海峽危機，恐怕有可能發展成韓戰以來的大規模戰爭，因此拒絕「積極派」的主張。同時，美國政府向聯合國安全保障理事會提出解決台灣海峽危機的停戰案，也就是「聯合國安理會停戰案」，藉由「聯合國安理會停戰案」謀求台灣海峽「維持現狀」，也就是「兩個中國」的固定化。

台灣的蔣介石方面反對這個美國的「聯合國安理會停戰案」，認為將解決大陸沿海諸島的問題委託給聯合國，事實上是製造「兩個中國」，是「維持現狀」的固定化，等於做出國民政府今後不能進行一切「大陸反攻」的條件限制，因此表示無法接受。

另一方面，中國在1954年10月10日對聯合國提出書面表示「美國侵犯屬於中國領土的台灣，中國向聯合國提出要求停止美國的侵略行動，解除在台灣・澎湖群島以及其他大陸沿海諸島的軍事行動，要求美軍從該地域全面撤退。」，與美國展開外交戰。同時，在同年11月中國再對大陸沿海諸島的大陳島展開大規模攻擊。

如此一來，台灣海峽再度受戰火包圍，為解決台灣海峽危機的「聯合國安理會停戰案」的準備被迫中斷。

在中國砲擊大陳島當天（11月1日），艾森豪總統、杜勒斯國務卿以及威爾遜國防部長緊急協議，針對中國的軍事行動，決定「美國基本上對於以大陳島為首的大陸沿海諸島防衛，不準備採取武力對應」，確認第七艦隊最多只在台灣海峽執行「防禦」任務。另外，美國也要求台灣政府不可以對中國進行報復行動，同時為防止中國擴大砲擊，提出對台灣軍隊加強後勤支援的方針。

在11月2日的國家安全保障會議（National Security Council，簡稱NSC）中，美國開始準備訂定《中（台）美共同防禦條約》，展開相關的美台交涉，然後要求台灣政府承認「聯合國安理會停戰案」的內容，同時確認增加限定《中（台）美共同防禦條約》的「適用範圍」等原則，做為美國新的對台政策。特別是關於「適用範圍」，是交涉締結《中（台）美共同防禦條約》時雙方爭論的重點之一，美國提出加入嚴格限制台灣對中國行使軍事力的方針。

《中（台）美共同防禦條約》的交涉是在1954年11月2日開始，歷經9次會議，在12月1日簽署。美國對於《中（台）美共同防禦條約》的形成，有使台灣成為反共防衛陣線一部分的戰略性意義，同時希望徹底平息台灣海峽危機，謀求台灣海峽的安定。

另一方面，對台灣政府而言，簽訂《中（台）美共同防禦條約》有承認台灣政府的正統性，提高國際地位的想法。

美國認為本條約是美台兩國專心合作「防禦」的條約，締結的條件是不容許台灣政府進行「反攻大陸」，不對來自中國的攻擊採取報復措施。

從一開始，台灣政府就認為沒有美國支援就不能「反攻大陸」，因此也不堅持「反攻大陸」，同時一面強調沒有「反攻大陸」的意思，但另一方面又主張應該避免在條文中明示此點。如果在條約中明白規定，將給人台灣政府屈服在中國軍事力的印象，台灣政府和軍隊不僅士氣降低，擔心進一步助長中國的軍事行動。

結果，美台雙方承認條約是專注在「防禦」，但在台灣政府的強烈要求下，也決定避免使用所謂不能「反攻大陸」的言詞。

如前所述，《中（台）美共同防禦條約》締約交涉的最大焦點是在如何規定條約的「適用範圍」。作為美國大平洋地區安全保障上不可欠缺的『鎖鍊」的一部分，「台灣・澎湖群島」居於非常重要的位置，美國向台灣方面表示，只要是威脅到「台灣・澎湖群島」安全保障的話，美國會堅決戰鬥到底。可是，「台灣・澎湖群島」以外的地區，也就是以金門、馬祖及大陳島為首的「大陸沿海諸島」，擔心對中國造成不必要的刺激，進而可能發展成美中軍事對決，因此始終表現非常消極。

另一方面，在1954年11月的美國國家安全保障會議（NSC）達成的結論是：「適用範圍」係指「台灣・澎湖群島」，關於「大陸沿海諸島」最理想是保持曖昧態度。美國政府的目的就是「中國攻擊大陸沿海諸島的情形下，無論美國做出任何反應，共產中國都會疑心生暗鬼」。換句話說，美國對「適用範圍」的曖昧態度，可以避免對中國造成挑釁，同時也嘗試著牽制中國的軍事行動。

針對這點，台灣政府強調大陸沿海諸島是中國實現「解放台灣」的立足點，具有重要的戰略性價值，一再主張防禦的重要性。

最後，「適用範圍」沒有明記「大陸沿海諸島」，但取而代之的是加上「台灣・澎湖群島以外的其他領域（other territories）也適用」的文字。藉著表現這種大陸沿海諸島也可能包含在「適用範圍」的暗示，美台雙方相互合意而簽約。

### （四）台灣退出聯合國

中華民國（台灣）是聯合國創始會員國之一，但在1949年中華人民共和國（中國）成立以來，「中國代表權」的問題浮出檯面。1971年第26屆聯合國代表大會通過阿爾巴尼亞提案，中華民國（台灣）喪失聯合國席次。這個經緯在第一章已有詳細敘述，細節部分就不再說明。

在阿爾巴尼亞提案期間，美國的對應是由19個國家共同提案，承認中國加入聯合國，並給予安全理事會常任理事國的席位，但同時也承認中華民國的一般會員國席次，即所謂的「雙重代表權案」。同時，美國主張要排除中華民國的代表權屬於憲章第18條的重要問題，認為應該要達到三分之二的多數決定，即所謂的「反對排除（蔣介石政權）的重要問題決議案」，此案也有22國共同提案聯署。

此外，美國已經背地裡開始運作和中國邦交正常化，在決議前的1971年7月，美國總統派總統顧問季辛吉祕密訪問北京，與周恩來總理會商安排尼克森總統訪問中國事宜。隔（1972）年2月，尼克森總統訪問中國，美中發表「上海公報」。1978年美中完成建交。

如前所述，《中（台）美共同防禦條約》在締約交涉時已明白顯示，美國的意圖是台灣海峽的「維持現狀」，也就是「兩個中國」的固定化。因此，對聯合國提出守住台灣聯合國席次的「雙重代表權案」，同時也聯署「反對排除（蔣介石政權）的重要問題決議案」的22國共同提案。

另一方面，台灣政府在《中（台）美共同防禦條約》的締約交涉當中，表示無法接受以今後不能進行一切「反攻大陸」為條件的「維持現狀」固定化。因此，在表決阿爾巴尼亞提案之前，台灣代表發佈宣言表示「不參加大會審議」，從大會議場退席。之後，中華民國（台灣）宣布退出聯合國，20餘年來持續在聯合國紛擾的中國代表權問題戲劇性地落幕。

附帶一提的是，日本也採取和美國相同的步調，分別在1964年及1970年的提案中投下反對票。然而，在1972年尼克森總統訪問中國之後，日本趕緊追隨美國的腳步，和中華民國（台灣）斷絕外交關係，很快地承認中國。

### （五）隨著美中建交而毀棄《中（台）美共同防禦條約》和制定《臺灣關係法》

隨著美中建交，美國在1978年12月16日廢棄《中（台）美共同防禦條約》。1979年1月1日，卡特總統和中華人民共和國建交，和中華民國（台灣）斷交。

當時，「主導美中建交的前白宮國家安全顧問季辛吉和布列辛斯基，完全沒有考慮台灣的安全保障問題。也沒有好好思考美國如何繼續給予台灣強力的政治支持。」[14]。

另一方當事者的蔣經國總統，在美中建交發表的幾個小時前就知道這個事情。對於這樣的屈辱方式，他指示要更加鞏固支持台灣的美國國會的決心，修正忽視台灣的態勢。

美國政府和國會為維持東亞的軍事均衡，確保亞太地區的和平與安定，對於自由陣營的一角以及地緣政治學上要地的台灣價值，再度做出確認。因此，發表持續對台灣重視的方針，於雙方斷交後制定《臺灣關係法》，貫徹對過去盟國台灣的忠誠。

《臺灣關係法》是1979年4月制定，施行效力追溯到同年1月1日。此法是美國的國內法，根據此法做為和平解決台灣問題的基本方針，藉由對台軍售等等，達成牽制中國行為的重要任務。

《臺灣關係法》的概要如下：

（1）維持及促進美國人民與台灣人民間及中國大陸人民和西太平洋地區之其他所有人民間廣泛而且緊密的友好通商、文化及其他各種關係。

（2）表明西太平洋地區的和平及安定是符合美國的政治、安全保障及經濟利益，而且是國際關切的事務。

（3）明確表明美國決定和中華人民共和國建立外交關係之舉，是基於期待臺灣的未來前途將以和平方式決定。

（4）任何企圖以和平手段以外的方式來決定臺灣的前途，包括抵制及封鎖等任何手段在內，將被視為對西太平

[14] 傅高義（Ezra Feivel Vogel），《現代中國之父 鄧小平（下）》，日本經濟新聞出版社。

洋地區和平及安定的威脅，而為美國所嚴重關切。

（5）提供防禦性武器給臺灣人民。

（6）維持美國對抗任何危害臺灣人民安全及社會經濟制度的武力行動或其他強制性手段的能力。

在上述傅高義的著書中，中國認為《臺灣關係法》的制定是否認「一個中國」原則，並且載入支援台灣防衛的條項，是違反美中建交原則，因而對美國提出嚴重抗議。鄧小平（時任共產黨中央委員會副主席）認為如果沒有美國對台灣提供軍事性支援的話，台灣因擔憂中國的軍事佔領會被迫選擇回歸祖國，可是「只要有美國做為後盾，即使對台灣行使武力也將沒有成果」。

後來中國雖然想和美國合作對抗蘇聯，但台灣問題卻成為一個很大的障礙，因此中國強烈要求美國履行在建交正常化中對台灣減少武器銷售的承諾。結果在1982年8月發表「中美共同公報」，關於美國政府對台軍售，做出下列三點聲明：

（1）美國不打算將對台軍售做為長期性政策實施。

（2）對台灣出售武器在性能和數量上將不超過中美建交近幾年供應的水準。

（3）準備逐步減少對台軍售，經過一段時間後，達成最終解決。

可是在「中美共同公報」中記載的「長期的」、「水準」、「逐步」或是「一段時間」等等用語，都沒有明確的定義。所有的用語都是很曖昧的，也沒有設定「最終解決」的最後期限。當時的美國總統雷根，在「中美共同公報」發表後，召集參眾兩院30名議員舉行簡單的報告，說明「公報並沒有忽視和台灣的關係」。

因此，本公報可以解釋成是中美雙方因國內情勢而對台灣問題保留餘地，美中關係的立場還是渾沌不明的。

## （六）美國對台軍售

美國在1978年12月廢棄《中（台）美共同防禦條約》，幾乎同時制定國內法的《臺灣關係法》。美國得根據該法對台灣出售武器，賦予對抗中國軍事力量的能力，成為協助安全保障的一個環節。美國國會擁有監督《臺灣關係法》的權限，為支持這項政策決定和立法活動，美國政府對於軍售台灣必須要向國會報告。

美國亞洲安全保障問題的專家雪莉（Shirley A. Kan）根據國會報告「1990年以來從美國對台灣主要的武器銷售（Major U.S. Arms Sales Since 1990）」為基礎，完成「美國對台灣主要的武器銷售（國會報告部分）」概要，刊載於本書末尾的附表。

美台正式斷交以後，美國對台軍售雙方都是當成極重要的政策案件來處理。特別是在台灣第一次總統直接選舉，中國實行以威嚇妨害為目的的飛彈試射，引起第三次台灣海峽危機（1996年3月8日—25日），造成美國和台灣強化擴大軍事性的合作。

2001年4月24日，中國在與美國總統布希針對年度美台軍售的會談中，美國決定延期出售神盾級驅逐艦，可是中國也接受美國出售柴油動力潛水艇、P–3獵戶星型反潛巡邏機（可與潛水艇連結）以及四艘除役的紀德級驅逐艦給台灣。

之後，在美台間武器移轉的實際過程中，受到來自中國的壓力、美台雙方的國會、政治敏感事件以及預算的編列等等，都未能按照計畫進行，經常發生很大的曲折。

在美國總統選舉期間，歐巴馬總統公開表示將繼續對台軍售。可是2009年歐巴馬政權剛開始時，台灣馬英九政權實施親中政策，朝向中台關係和緩的方向，因此認為中國對台灣的安全保障沒有迫切性的威脅，減弱美國對台軍售的必要性和緊急性的認知。

2009年11月，美國國會的「美中經濟及安全保障檢討委員會（USCC）」年度報告，指出中台間的軍事均衡朝中國傾斜，勸告國會要協助台灣軍事力量的現代化。同月，歐巴馬總統訪問中國，決定在2008年10月布希政權時代國會通過的軍售案歸納在2010年開始。中國對此表示強烈的不滿和反對的意思，強力推動停止對台武器銷售。

但緊接著，歐巴馬總統決定通知國會第一筆對台軍售案，項目包括PAC–3型（愛國者三型飛彈）114枚，UH–60型黑鷹多用途直昇機，12枚魚叉（HARPOON）反艦飛彈及C4I用資材（用於提升指管系統裝備），2艘鶚級掃雷艦等等，總價約64億美元，但是台灣所要求的F–16 C／D型戰鬥機和柴電潛艦卻排除在清單之外。

另一方面，台灣現有的主力戰鬥機，因為汰換零件的不足而有下列妥善率低下的情形，隨著主力戰鬥機的更新延遲，導致台灣空軍嚴重的戰力下降。

2010年5月，美台商業協會（US–Taiwan Business Council）發表「台灣海峽的空軍戰力均衡」，認為有必要導入F–16 C／D戰鬥機來增強台灣空軍的戰力，並且指出如果無法實現的話，到2025年現有的145架F–16 A／B戰鬥機，只能有80架投入實戰。

**台灣現有主力戰鬥機的妥善率**

| 現有主力戰鬥機 | 妥善率 | 備註 |
|---|---|---|
| 經國號戰機（IDF） | 80% | |
| 幻象2000 | 79% | 自法國購入 |
| F-16 A／B | 70% | |
| F——5 E | 78% | |
| F——5 F | 26% | 妥善率非常低 |

（台灣空軍參謀長葛熙熊在立法院答詢，2010年）

結果，歐巴馬政權在2001年9月擔心中國的反彈會給美中關係帶來影響，向國會報告決定不售予台灣F-16 C／D，而是將現有的F-16 A／B修改大幅升級。

從1990年到2010年的武器銷售來看，陸軍方面的M60A3戰車、M109A5自走砲、TOW2A拖式反坦克飛彈、AH-64D阿帕契長弓攻擊直昇機、PAC-3型（愛國者三型）飛彈，海軍方面的魚叉反艦飛彈、諾克斯級・紀德級巡防驅逐艦、P-3C獵戶海上巡邏機，空軍方面的F-16 A／B戰鬥機、F-5E／F、E-2T鷹眼空中早期預警機、C-130H運輸機等等，陸海空軍的主要裝備都是美國賣給台灣。

同時，提供教育訓練、後援補給零件以及相關的服務等等，台灣的軍事力量整備、維持及運用的多功能廣泛範圍，受到來自美國支援的安全保障協助，現階段狀況是沒有美國就沒有台灣防衛的成立。

今天對台灣的武器銷售，美國國防部所關心的不單純是對台軍售問題，已經移轉到台灣國防預算的理想狀態、提升自衛能力和軍事機密保護的真摯配合、統合作戰能力和作戰即時反應能力的提升、重要設施的防護革新而且確保非對稱範圍的優越性等等廣泛範圍的問題。

另一方面，2008年就任台灣總統的國民黨馬英九，一方面要求繼續對台軍售，一方面推動兩岸重啟對談等等的親中政策。馬總統重複發言不對中國挑釁，就任後馬上表示不積極的推動購買F-16 C／D型戰機和柴電潛水艇，削減國防預算，如下圖表所示，之後到2012年度有增加，可是在2013年度又再次削減。

如果參照平成二十五（2014）年版的「日本防衛」，可以看到中台的軍事均衡。在陸軍方面，中國擁有壓倒性的兵力，可是在對台灣的登陸作戰進攻能力受到限制，近年來建造大型的登陸艦艇，開始提升登陸作戰能力。海・空軍方面，中國雖然在量的方面有壓倒性，可是台灣佔優勢的是質的方面，但是近年來中國也急速的推進近代化。還有關於導彈攻擊能力，中國擁有多數以台灣為射程範圍的短程導彈，可是對台灣來說這個威脅並不是有效的手段。

台灣的國防部在2013年10月8日發表的「國防報告書」（2013年版）中，關於中國軍隊在前份報告書（2011年版）表示『在2020年可能對台灣進行大規模作戰』，再度展露深陷的危機感，提出『在2020年完成全面對台灣進攻能力的準備』。另外，對隨著中國軍備的擴張而提高的戰力強化，警告「中國強調『台灣是中國的核心利益，不放棄使用武力』，中台之間的軍事衝突危機一直存在。」。

在台灣2013年版的「國防報告書」中表示，去年中國的國防經費是1064億美元，大約是台灣的十倍，高科技的武器和網路攻擊部隊的技術力突飛猛進。還有該報告書指出，沿海部署的戰鬥機和導彈部隊，鎖定台灣的飛彈有1400餘枚以上。尤其甚者，該「國防報告書」記述海軍的遠海進出及陸海空的聯合登陸作戰訓練的展開，同時也強調加強關於無人機的偵察能力。因此，中國以超過台灣構築防衛能力的速度來增強軍事力的現代化，指出中台之間的軍事均衡已經向中國傾斜，美國不能再坐視不理。

中國不放棄武力統一台灣，於2005年3月制定《反國家分裂法》，明文記載不放棄行使武力。另一方面，台灣的安全保障是依賴美國，美國根據《臺灣關係法》對台灣的安全保障負有責任。這個基本結構是沒有任何改變，可是現在的美國受到中國的壓力，傾向畏懼中美關係惡化而延誤必要的對台軍售。

中國反對美國對台灣銷售武器，給予強烈的指責，可是美國很明白，假如沒有繼續對台灣銷售武器，缺乏後盾的台灣要維持現狀是非常困難的。同時，美國假如不對台灣的未來負明確責任的話，美國的同盟國和中國周遭的各國所受到的衝擊將無法估計。

此外，關於美國的對台軍售，違反美台雙方意願決定和預算制度，或是兩國交涉的經緯及行政手續的不明瞭，要將實際狀態詳細而且正確地把握是有困難的。

## （七）台灣第一次總統直選和第三次台海危機

1996年3月，中國在台灣第一次總統直選前夕，在台灣海峽進行飛彈試射和三軍聯合演習。也就是說，中國與台灣之間爆發第三次台海危機。彈道飛彈（M-9地對地飛彈）是以台灣北部基隆港東北約36公里及台灣南部高雄港西南約54公里的海域為標的，發射範圍涵蓋台灣南北。三軍聯合演習是在大陸沿海地區及接近馬祖的大陸沿海地區進行登陸演習及實彈演習。儘管中國的軍事恐嚇，台灣的總統選舉還是在3月23日順利結束，得到對中國反感的台灣輿論壓倒性支持，李登輝總統透過直接選舉成為台灣第一位民選總統。

美國表示要對抗中國的軍事恐嚇，因為假如破壞台灣海峽安全的話，將招致嚴重的後果，這種武力的誇耀對和平沒有幫助，並且從日本橫須賀基地派遣獨立號航空母艦戰鬥群前往台灣海峽，另外從波斯灣緊急調遣航空母艦尼米茲號前來。美國自己主張派出兩艘航空母艦，展示維持台灣海峽的安定和對和平解決台灣問題強烈決心的實際行動。

如前所述，美國有「大陸沿海諸島的防衛是重要的，但就戰略的見解，其對防衛台灣・澎湖群島並非關鍵性的存在」[15]的共識，因此向台灣方面表示，假如威脅到「台灣・澎湖群島」的安全保障的話，美國絕對會戰鬥到底。

另一方面，「台灣・澎湖群島」以外的地區，也就是說參與以金門、馬祖、大陳島為首的防衛，只是徒然刺激中國，甚至擔心有可能進一步發展成美中軍事對決，對於「大陸沿海諸島」的應對，維持曖昧是符合人心的態度，這點已如前所述。

對於第三次台灣海峽危機，美國的反應是判斷為威脅「台灣・澎湖群島」的安全保障，採取所謂維持台灣海峽和平安全的「明確的戰略性（strategic certainty）」，同時可以解讀為對以日本為首的同盟國，明確傳達履行條約義務的訊息。

另外，關於「大陸沿海諸島」的應對，判斷還是維持「曖

[15] 「第一次台海危機」時美國參謀本部的見解。

昧的戰略性（strategic ambiguity）」，或者說是「戰略的柔軟性（strategic flexibility）」的模式較為妥當。

換句話說，若從應對第三次台灣海峽危機的模式來類推美國的對外行動，吾人可以理解在將來美國最終將以國家利益做為基準，視「明確的戰略性（strategic certainty）」，「曖昧的戰略性（strategic ambiguity）」或是「戰略的柔軟性（strategic flexibility）」的狀況，靈活使用應對是很重要的。特別是日本尖閣群島問題的案例中，適用曖昧戰略的情況是不可欠缺的認知。

另外，第三次台海危機對往後的中國軍事戰略帶來很大的影響。美國航空母艦戰鬥群派遣到台灣海峽，中國就自己看到勝負已分的軍事力量，軍事方面還是對美國望塵莫及，覺悟到要達成武力統一台灣的能力及態勢都沒有做好準備，這對中國是很大的衝擊。這個事情給予中國軍方要求增加軍事預算的藉口，同時也是指出必須要推動「接近阻止．領域拒否」（Anti-Access/Area Denial，A2 / AD）戰略，開發航空母艦、在南海配置SSBN戰略型核潛艇等等，促進軍事發展的要因。

## （八）美日同盟和台灣的安全保障
## ——安全保障的美日台三角關係

在美日安全保障條約（以下簡稱「美日安保條約」）第六條（遠東條項）規定「賦予保障日本的安全，並且賦予在遠東地區的國際和平及安全，允許美國陸海空軍使用在日本國內的設施及土地。」。

美日安保條約所提到的「遠東」範圍，「大致上是菲律賓以北到日本周圍地區，包括韓國以及中華民國所統治的地區（中華民國統治的地區解讀成「台灣地區」。…美國對應在上述地區受到「武力攻擊及威脅」時執行行動的範圍…不一定局限在前記區域」，這是日本政府統一的見解。[16]

因此，台灣包含在「遠東」的範圍，台灣發生狀況的時候，美軍可以使用日本的設施和土地，給予台灣軍事方面的支援。

可是依照在1972年中日建交當中發出的「中日共同聲明」及「中日和平友好條約」（1978年），日本和台灣斷交卻仍有政經分離的特殊非官方非正式的關係。關於兩岸問題，希望雙方透過對話能和平的解決紛爭，這個是日本政府官方的立場。之後，日本受到經濟發展性期望的牽制，避免和中國關係中出現風險，嚴格自我規制。日台之間受到所謂「一個中國」架構內的關係束縛，雙方的交流維持限定在非正式的民間基礎。

因此，日本政府對台灣問題保持一貫的慎重立場，抱持著台灣政策退在美日台三角關係後面的軟弱印象。

之後，隨著冷戰結束後國際安全保障環境的激烈變化，接著北韓向日本海中部試射彈道飛彈（1993年5月）以及退出IAEA（International Atomic Energy Agency 國際原子能機構）的聲明（1994年6月）等等，核武開發問題再度發生。在此契機之下，隨著「日美防衛合作指針」的加溫，為提升同盟關係的信賴度和朝向強化發展，日美台的三角關係迎向大轉機。

也就是說，隨著1996年的「美日安全保障共同宣言–邁向21世紀的同盟」，對美日安保體制再定義，美日於1997年制定新的「日美防衛合作指針」。基於這個指針，日本制定《周邊事態安

[16] 1960年2月26日　眾議院安保特別委員會。

全確保法》（以下簡稱《周邊事態法》）以及《周邊事態發生時候實施的船舶檢查活動相關法律》（以下簡稱《船舶檢查活動法》）」（1999年5月公布8月施行）。

周邊事態是指在日本周圍地區發生重要影響日本國和平與安全的事態，可是與周邊事態關連的《周邊事態法》和《船舶檢查活動法》兩法，主要的目的是賦予在該事態發生時能有效運用美日安保條約。

結果在美日安保條約的「遠東」範圍包括台灣的前提下，美軍整備從日本做為後方，能夠支援台灣軍事行動的體制下，可預見的朝向強化美日台三角關係的軌道修正。

對於這項動作，中國到現在為止同樣的強烈反彈，因此日本政府關於《周邊事態法》做出下列三點說明：

（1）本法專屬防衛性質的美日安保體制下，沒有以特定的威脅和國家為前提。

（2）周邊事態的概念是著眼於事態的性質，沒有預設特定的發生地區。

（3）不會變更日本專守防衛等基本方針，本法更是符合國際法的基本原則及聯合國憲章等等的國際約束。

這個可以理解成日本政府對「適用範圍」運用「曖昧性的戰略」或是說「戰略的柔軟性」，在避免對中國無謂的挑釁同時，嘗試著牽制中國的軍事行動。

2005年2月19日，美日在華盛頓特區舉行美日安全保障協議委員會（泛稱2+2會議），揭開以「地區性共同的戰略目標」為前提的「透過對話和平的解決台灣海峽周圍問題」，美日台的三角關係更進一步發展。

另外在2003年，日本在台灣的交流協會台北事務所配置退役的前自衛隊少將長野陽一充任武官，就安全保障面來說，在非正式的民間交流是件大事，日台間的安全保障關係，在受限制的條件中逐漸活化。

另一方面，《周邊事態法》以和美軍共同作戰不受憲法上行使集體自衛權所容許的政府見解為前提。同時，本法的基本活動是（1）後方地區支援，（2）後方地區搜索救助活動，（3）規定其他必要的措施，限制為自衛隊的武器使用，在符合正當防衛及緊急避難要件的場合，除此之外不可以對人造成危害。還有《船舶檢查活動法》只不過是因應周邊事態發生時，規定日本進行船舶檢查的施行方式和程序。也就是說，當美軍在紛爭地區的第一線行動時，自衛隊僅止於後方的安全地區，在周邊事態二法所容許的範圍內，提供美軍必要的各項支援。

可是，台灣有事是超出所謂周邊事態的概念，包括海上交通線等紛爭擴大而波及日本，直接武力攻擊的可能性極高。也就是說，日本的國土防衛不能以將就應付，隔岸觀火的旁觀者心態，必須要假想自己是當事國而直接捲入紛爭。

因此，在台灣發生事情等等的周邊事態當中，以集體自衛權的問題為首，像現在這樣確定支援美軍軍事行動的活動區域範圍和內容是足夠的嗎？有支援的實效性嗎？就目前的武器使用限制可以達成任務嗎？當周邊事態更進一步擴大成對日本的武力攻擊事態，出現「五條事態」和「六條事態」連動合併的情形時，日本要如何的處置等等，存在很多應該解決的問題。

還有日台間正式的安全保障・防衛對話和協力仍持續處於關閉狀態。可是日美兩國有「透過對話和平的解決台灣海峽周圍問題」的「地區性共同的戰略目標」，做為日美同盟的基軸，平時就促進日台的安全保障、協同防衛，以按照美日台三角關係達成共同戰略目標為框架，但是否應對美日的方針重新評估，而將其看做為一個更大的課題呢？

## （九）歐巴馬政權的對台灣安全保障軍事戰略（政策）和美國未來的動向

台灣前總統陳水扁（民進黨）以「台灣認同」為基於，和中國升高緊張程度，為此而和希望與中國安定的美國政府關係惡化。2008年3月的第四屆總統直選，由國民黨的前台北市長馬英九當選，台灣實現第二次政黨輪替。

馬英九喊出所謂「不統、不獨、不武」維持現狀的口號，進行親中和大膽的政策轉換。馬總統的路線轉換受到中國的歡迎，中台之間的形勢已經濟為中心，轉為安定化的方向，這點也受到美國的歡迎。

馬總統希望在強化對美關係的同時，以這個後盾為前提，恢復台灣的海峽交流基金會和中國的海峽兩岸關係協會之間的定期會談，中台之間的直航，積極開放大陸觀光團等等，透過中台關係的安定化、制度化，推動台灣追求經濟發展的政策。可是中國對於台灣向美國購買武器一事，還是持續表示強烈反對。

美國布希政權初期，將中國視為「戰略的競爭對手」而嚴格對待，但2009年歐巴馬總統繼布希總統被選出之後，採用副國務卿史坦伯格提倡的「戰略再保證（Strategic Reassurance）」，開始採取低調的協調性對中政策。

**戰略再保證（Strategic Reassurance）**

美國和其同盟國歡迎中國崛起，而中國也須承認和世界其他國家的安全是依國際法構築的世界公共財（Global Commons Goods），採取彼此互相再確認的思考模式。2009年11月，歐巴馬總統訪問中國的「美中共同聲明」，是將這個思考模式加以明文化。

相反地，中國看到美國這個新態度的弱點，而採取對抗這點的一國主義途徑，積極推動對外政策。

具體事例表現於第51屆聯合國氣候變化架構公約簽約國第15次會議（簡稱COP15）中，中國關於減少二氧化碳排放採取不妥協的對抗（2009年12月）；強調南海為核心利益，對競爭國越南施加壓力（2010年3月）；中國漁船在釣魚台群島（尖閣群島）衝撞日本海上保安廳巡邏艇事件（2010年9月）；關切美韓聯合軍事演習（2010年11月）；現正發生的南海黃岩島與菲律賓的領土糾紛；對釣魚台中國公務船偏執於實效支配的實績；設定東海的防空識別區（2013年11月）；美國海軍飛彈巡洋艦考斯本號（USS CG-63），在東海國際海域進行合法監視中國航空母艦遼寧號的行動中，遭到中國海軍艦艇在艦首阻擋而強迫停船的衝突事件（2013年12月）；在南海擴大強化漁業規制（2014年1月）等等。

美國在戰略再保證策略上受到挫折，美國國內的「中國威脅論」高漲，柯林頓政權所立下的「建設性戰略夥伴關係」的「合作關係」倒退，然後美國對中國的政策亦或亞太政策被迫必須做出調整。

2010年7月，國務卿希拉蕊在東南亞國協（簡稱東協，The Association of Southeast Asian Nations，ASEAN）的區域論

壇（ASEAN Regional Forum, ARF），以中國為對象，進行以「南海的航行自由、亞洲海洋共同資源的開放通路（maritime commons）、對國際法的尊重、強制解決管轄權的爭議，支持2002年中國與東協簽署的行為宣言」為主題的演說。同時，希拉蕊於2011年在夏威夷發表「美國的戰略重心（strategic pivot）移到亞洲」。進一步而言，歐巴馬總統在2011年11月的東亞高峰會（EastAsia Summit, EAS）宣布美國是「太平洋國家」，正式發表美國海軍陸戰隊在澳洲北部的達爾文配置輪調兵力。

因此，美中間的緊張關係逐漸升高，對於美中台三角關係當中佔有一席之地的台灣，歐巴馬政權除武器銷售之外，沒有提到任何具體性的政策。

佳能全球戰略研究所研究員龐斯稱其為「歐巴馬政權對台政策的沉默」，對於美國對亞洲太平洋地區的「再平衡」政策，美國國家安全顧問湯姆．多尼倫在三次演說中都沒有提到台灣，引起「歐巴馬政權在強化全體亞洲同盟關係當中，台灣被排除在議題以外」的深刻討論。

台灣是「太平洋地區給予唯一可以面對中國軍隊的地理財產」，「擁有台灣的國家可以自由的遮斷從東北亞到東南亞的海上通路」的重要地理位置[17]。

相反地，台灣位於第一島鏈的中央位置，是遮蔽中國軍隊進出海洋的最大屏障。將台灣置於統治下，有突破蔽障而將戰力投射到西太平洋的決定性意義。同時，位於日本的琉球群島（南西諸島）到西日本的重要地區，如從化身「不沉航空母艦」的台灣

[17] 吉原恒淑、詹姆士．霍姆斯，《紅星照耀太平洋》，basilico出版。

直接威脅其側背，日本的生存跟安全也會極度受到威脅。

中國長期的軍事目標是以台灣為中心，跨越日本琉球群島和菲律賓形成的第一島鏈，逐退美國所擁有的西太平洋制海權，吾人可以預見中國會進一步從該海域延伸到印度洋的廣大空間，從而確立其霸權。也就是說，美國被迫必須根本性重新思考在亞太地區對中安全保障・軍事戰略，要以防衛台灣做為其核心。

假如美國放棄已經民主化的台灣，對依附美國做為抵抗中國安全保障問題的日本為首的東亞各國而言，對美國的信賴度會大幅降低，絕對會動搖安全保障的基礎。然後在不久的將來，美國會按照中國所設定的目標，從西太平洋被逐出，喪失在東亞的影響力和同盟國及友好國家，結果將是不希望受中國統治的東亞各個國家，置身在中國的勢力圈影響圈之下。

也就是說，除非美國維持在東亞地區投入戰力，遂行對同盟國・友好國家確實防衛合作的意思及能力表示，否則是無法阻止膨脹的中國自以為是的侵略行動。

此點意味著台灣的生存和確保安全，是美國在亞洲太平洋地區的石蕊試紙。美國了解到中台間的軍事均衡漸向中國傾斜的趨勢，對台灣提供十分明確的安全保障・軍事支援，確保台灣現在的地位是不可欠缺的。這無疑是對維持「遠東地區國際的和平與安全」給予確實保障。

# 第五章　戰後的日台關係和長遠的安全保障合作

## 一、戰後的日台關係

### （一）中華民國的承認和中國大陸的市場

台灣是因日本接受波茨坦宣言，而脫離日本五十年的統治。1945年10月25日，日本軍隊在台灣進行受降儀式，中華民國得到台灣的領有權。但此時在中國大陸，蔣介石率領的國民黨和毛澤東率領的共產黨持續進行內戰，1949年10月1日，在內戰中取得優勢的中國共產黨宣布中華人民共和國成立。

第二次世界大戰後的戰勝國和擔任聯合國安全保障理事會常任理事國的中華民國，卻在內戰中居於劣勢，1949年12月7日，國民黨的中華民國政府移轉到台灣，以此做為反攻大陸的基地，強力推行中國化政策。來自中國大陸100萬以上的外省人移住台灣，對本省人形成統治階級，在社會上各方面都比本省人受到優惠待遇，一直到現在都還是如此。對這樣的社會結構，再加上對曾在第一章提及的「二・二八事件」的憤怒，即使到現在，本省人的不滿和反抗還是很強烈的存在。

1950年2月，中國和蘇維埃聯邦締結《中蘇友好同盟互助條約》，更在同年6月25日北韓偷襲南韓，韓戰爆發。10月中國人民志願軍參加韓戰，美國杜魯門總統立刻派遣第七艦隊到台灣海峽，藉此展示防衛台灣的意志，防止戰火擴大到朝鮮半島以外。

就這樣，美國箝制住台灣海峽，在台灣的國民黨和在大陸的共產黨形成所謂的中國對峙圖式，之後就固定該形式一直到現在。

1951年9月8日，四十八個國家締結《舊金山對日和平和約》（簡稱《舊金山和約》）。根據和約內容，日本必須「放棄對台灣及澎湖群島的一切權利、權利名義與要求」，但是卻沒有明確表示台灣的歸屬問題。美國在日本進行的和約簽署是站在台灣的中華民國一邊，而英國則是支持承認中華人民共和國，中華民國和中華人民共和國到底哪一邊是代表中國來參加舊金山和約，在同盟國之間產生對立。結果，舊金山和會對中華民國和中華人民共和國都沒有邀請。

1951年11月18日，日本批准《舊金山和約》之後，美國要求日本與台灣的國民黨政府簽訂條約。結果日本開始和中華民國政府交涉單獨簽訂和約，在1952年4月28日《舊金山和約》生效後，和台灣簽訂《日華和平條約》，承認中華民國政府。同年8月5日生效，雙方開始正式邦交，在台北和東京分別設置大使館。日本選擇以台灣的中華民國政府做為兩國之間條約的對象，其理由是：（1）戰爭的對手是中華民國，（2）當時聯合國承認中華民國政府是唯一代表中國的政府，（3）1950年的《中蘇友好同盟條約互助條約》實質上是針對日本的軍事同盟，這兩個國家表明敵視日本。[18]

當時中華民國政府實際統治的地區只有台灣和其附近島嶼，可是中華民國的憲法宣示的領土是包括蒙古和西藏的全部中國大陸。中華民國主張主權遍及中國全部，稱呼統治國土大部分的共

[18] 松本彧彥，《台灣海峽的吊橋…至今仍然不明的台日斷交秘辛》，見聞書店。

產黨為叛亂團體。日本承認台灣的中華民國有統治中國全部領土的可能性，而與其簽訂和平條約，等於是承認中華民國的中國代表權。可是，關於對日本和日本國民財產請求權的條約適用範圍，只能限於中華民國實際統治的台灣，保留今後和中華人民共和國交涉的可能性。[19]

對以復興戰後經濟為目標的日本來說，誇耀擁有巨大國土面積和人口的中國大陸是個有魅力的市場。即使在沒有正式邦交的情況下，一直有想要和中國建立並加深經濟關係的想法。關於日本和中華民國（以下稱台灣）以及中華人民共和國（以下稱中國）的關係，是政治和經濟分開個別思考的，採取重視和中國貿易經濟關係的「政經分離」方針。

1957年，現任首相岸信介首次訪問台灣，然後在1960年1月19日岸信介內閣和美國締結新的《日美互助安全保障條約》，但其後隨著1960年的安保條約鬥爭而辭職下台。1962年11月，繼位的首相池田隼人和中國簽訂「中日長期綜合貿易備忘錄」（備忘錄後面簽署的中方是廖承志〔Liao Chengzhi〕，日方是高崎達之助〔Tatsunosuke Takasaki〕，被稱為「LT貿易」）。同年12月，簽訂「中日友好貿易議定書」，促進中日之間的貿易，隨著這樣的中日關係進展，日本和台灣之間的關係慢慢開始動搖。

## （二）中日建交與台日斷交

1963年8月20日，對於池田內閣批准倉敷人造絲株式會社對中國整廠輸出生產維尼綸（vinylon）的設備，並由日本輸出入銀

[19] 淺野和生，《台日關係和中日關係：重新審視「中日國交正常化」》，展轉社。

行提供貸款，台灣政府非常震怒，甚至召回駐日大使。接著在1963年10月，一個訪問日本的中國代表團翻譯周鴻慶表示想要逃亡台灣，但是最後卻被日本遣返中國。這件事引起台灣政府強烈的反彈，再度召回駐日代理大使，並且進行經濟報復措施。隨著「周鴻慶事件」使得台灣和日本政府陷入斷交的危機。

為緩和這樣嚴峻的情勢，1964年2月，前首相吉田茂應池田首相的要求到台灣訪問，和以蔣介石為首的有力人士會談。如同松本彧彥在前揭書中所提到，吉田和蔣介石的會談主要內容是「幫助中國大陸的人民從共產主義勢力解放，引導進入自由主義陣營是很重要的」、「因此台日兩國要合作協助誘導中國棄離共產主義」、「日本對中華民國的反攻大陸要給予精神的、道德的支持」等。同年5月7日，吉田致函與會的總統府秘書長張群，表示「本年度中，日本向中國的整廠輸出不再使用日本輸出入銀行」。這份信函由池田內閣批准後吉田簽字，相當於政府間公文，此函在台日關係史上稱為「吉田書簡」。在這樣的努力下，台日關係得以修復。台灣方面密切注意池田內閣如何處理對中國的基本態度，藉由「蔣・吉田會談」不時詢問，以確認日本對台灣的外交姿態。

其後，池田首相因病辭職，1964年11月，佐藤榮作內閣就任。佐藤首相在1965年1月訪問美國，和美國總統詹森發表共同宣言，明確表示和台灣維持正式外交關係，同時和中國建立「政經分離」的關係。佐藤首相在美國的這番言行受到中國大陸的強烈責難。

佐藤首相遵照吉田書簡的內容，在1965年4月26日對台灣政府提供相當於一億五千萬美元的日圓貸款。由於美國準備停止自1951年開始每年提供相當一億美元的經濟援助，這筆日圓貸款在美援停止之前成立，對台灣來說實在很幸運。直到1972年台灣和日本斷絕外交關係為止，日本在1965年4月和1971年8月換文簽約，兩次對台灣提供日圓貸款。透過1965年的日圓貸款為契機，加深台日的關係。此外，1972年台日斷交以後，雖然新的日圓貸款無法進行，可是以往確立的日圓債務償還，卻是按照預定的時間，到1988年10月才結束。

自1965年的日圓貸款以來，台灣強烈依存對日本的經濟關係，日本在台灣的貿易對象中，長年居於進口第一位，主要的進口品項是電子產品和機械，對日本的貿易逆差赤字金額相當大。即使到現在，台灣經濟對日本的「代工結構」還是受到台灣方面的重視，可是也是經過和日本這種形式的貿易，台灣成長為工業國家。

1965年1月，中日友好協會會長廖承志，主張吉田書簡是中國和日本之間的貿易障礙。此後，日本對中貿易商和中國方面，對於佐藤內閣的中國政策，經常提及吉田書簡並加以非難。為此，同年日本的對中國整廠輸出契約陸續失效。所以中國共產黨認為這是因為佐藤內閣的政策受到吉田書簡所束縛，明白要求日本放棄吉田書簡。另外，由於1967年9月佐藤首相訪問台灣，並與蔣介石進行會談，為此中國亦對佐藤提出強烈指責。

另一方面，同年年底，為期五年的LT貿易期限即將到期，為進行LT貿易的延長交涉，中日綜合貿易連絡協議會的岡崎嘉平太會長和知名的親中派政治家古井喜實、田川誠一於2月1日訪問中國。在交涉會議上，中國方面強烈批判佐藤內閣，堅持主張周恩來總理在1960年8月27日所提出「關於周恩來總理對日貿易三原則的談話」的「政治三原則」，也就是說：（1）不敵視中國；（2）不跟隨美國製造「兩個中國」的陰謀；（3）不妨礙中日兩國關係正常化發展的方向。亦即，中國堅持「政權不可分」的原則。1968年3月6日發表的「中日備忘錄貿易會談公報」，當中記錄著「政治三原則和政治經濟不可分原則，是中日關係當中應被遵守的原則，是中日雙方一致確認的政治基礎，並表明決心為遵守上述原則和維護這個政治基礎繼續做出努力」。此外，取代LT貿易的貿易架構，改作稱為「Memorandum Trade（備忘錄貿易）」的MT貿易，每年更新一次。

另一方面，1969年11月17日，佐藤首相為歸還沖繩事宜而訪問美國，與美國尼克森總統會談，同月21日發表「佐藤・尼克森共同聲明」。該聲明確定沖繩在1972年歸還日本，並有「維持台灣地區的和平安全，對日本的安全極其重要」的記述，包含所謂的「台灣條項」。當然可以預見的，中國共產黨強烈批判佐藤內閣，但台日關係也因此更為緊密而安定。

然而，尼克森總統和國務卿季辛吉在檯面下卻進行改善和中國的關係。1971年7月，季辛吉訪問中國發表尼克森也要訪問中國的消息，給日本政府和台灣政府帶來衝擊，這個事件連做為同盟國的日本也不知情。此時，日本的大眾傳媒全部都是諂媚中國的報導，有關台灣關係的問題報導，一時之間全部視為禁忌來處理。即使到現在，日本各大報的報導還是對國力日益強大的中國諸多顧慮，就結果而言，這也是造成台日關係沒有進展的原因之一。

美國政府支持中國加入聯合國的同時，也反對台灣退出聯合國，摸索著雙方都給予聯合國席次的「雙重代表制」模式。可是

1971年10月25日，聯合國大會表決通過聯合國第2758號決議，稱為「阿爾巴尼亞決議案」。承認中國政府是在聯合國唯一的中國代表，中國是安全保障理事會的常任理事國，結果台灣失去代表中國的席次，也不接受一般會員國的提案，自行決定退出聯合國。

可是聯合國憲章到現在也沒有改正，聯合國憲章第23條第1項還是規定著「安全保障理事會是以聯合國15個會員國組成，中華民國、法國、蘇維埃社會主義共和國聯盟、大不列顛及北愛爾蘭聯合王國、美國為安全保障理事會的常任理事國。」。（譯註：但這只表示中華人民共和國取代中華民國，因為俄羅斯也已取代蘇聯，而聯合國憲章同樣沒有修改）

在「尼克森震撼」之後，1972年7月7日田中角榮內閣成立，日本展開與中國邦交正常化。同年8月7日，田中表態要訪問中國，台灣方面隨即對日本發出強硬的聲音。隔（8）日，行政院長蔣經國發表以下聲明：「中華民國政府是中國唯一的正統政府，擁有對中國大陸的主權，而且二十幾年以來，在台灣本島、澎湖群島、金門、馬祖島等領土有效行使主權。這點是不受其他任何國家的行為而有絲毫的影響。在這裡重新對前述主旨再次強調，警告日本政府要停止損害兩國邦交，妨害亞洲太平洋地區和平安全的所有行動，不要干犯歷史上的重大罪過。」（參照松本，前揭書）

日本政府不理會這個聲明，台灣駐日大使彭孟緝向日本外務大臣大平正芳提出強烈抗議，表示日本和中國達成關係正常化協議的話，台灣就要和日本斷絕邦交。可是，行政院長蔣經國和對日政策的負責人考慮到，將強硬論當做實際政策並沒有什麼意義，同時為了台灣和亞洲太平洋地區的安全保障，要注意的是美日安全保障體制的動向，確認不會對這個體制帶來不好的影響。

同年8月31日和9月1日，田中和尼克森在夏威夷進行日美領袖會談，田中首相向尼克森總統解釋自己訪問中國，完成日中邦交正常化，但因為這樣就不得不和台灣斷絕外交關係。此時，美國方面向田中首相確認，即使日中進行邦交正常化，美日關係也不會有變化，美日安保體制繼續維持。田中首相得到美國的承諾，在9月17日派遣自民黨副總裁椎名悅三郎做特使到台灣，椎名在和蔣經國會談時，針對日中邦交正常化的事情進行說明。此時，蔣經國表示若是日華（台）和平條約被廢棄，將會發生何種情事。

日本從1972年7月的公明黨竹入義勝委員長和周恩來會談做出的「竹入備忘錄」，預測到中國方面在建交談判的時候，不會提到美日安全保障體制。

台灣方面對日本的態度表示強烈抗議，同時外交部也研議在邦交斷絕時應如何因應。1972年8月，對於中日建交、台日斷交的情況，台灣駐日大使館確認日本如何基於「政經分離」，維持對台經濟關係和民間交流，並且提出設置和日本維持經濟・文化關係代表處的方案。另一方面，田中內閣的大平外相也在摸索著儘量能和台灣繼續圓滿關係的方案。

1972年2月，尼克森總統閃電訪問中國，發表「美中邦交正常化聲明」。日本眼見美國如此態度，關於中台問題便採取追隨美國的政策。同年9月，日本首相田中角榮訪問中國，和周恩來發表共同宣言，以美國為先驅，建立中日的外交關係，開始中日邦交正常化。

在會談當中，中國方面主張「台灣是中國不可分割的一部分」，日本方面以中國政府的統治權未及於台灣為理由，表示不能同意這點。同時，日本採取的立場是：在既有的舊金山和約中，日本放棄對台灣一切權利・權利名義與請求，沒有資格議論台灣的歸屬問題。關於中國對台灣統治權的主張，只是敘述「十分理解、尊重中國的立場，堅持依據波茨坦宣言第八條[20]的立場」，對「台灣是中國不可分割的一部分」的主張不予承認。

在中日建交後，同年9月29日，日本駐台大使宇山厚通知台灣外交部終結台日外交關係。大平外相敘述：「中日關係正常化的結果，台日和平條約失去存續的意義，日本政府認為該條約終止」，台灣外交部當日就宣布台日斷交。但台灣外交部同時也表示「中華民國政府對所有日本的反共人士依然保持友誼」，繼續日台間的民間交流，藉以維持日台關係間非政府實務關係。

1972年1月26日，台灣和日本雙方的大使館斷交降旗，同月28日，駐日大使彭孟緝和駐台大使宇山厚各自返國。1972年12月1日，取代大使館功能的實務機關成立，在日本是「財團法人交流協會」，隔（2）日在台灣設置「亞東關係協會」。同月26日，雙方締結「亞東關係協會與財團法人交流協會互設駐外辦事處協議書」，協議內容大致如下：「本國民在外國臨時居留、或是旅行的時候、對於入境、停留、以及子女教育等等，給予方便的援助，以及促進民間的經濟、貿易、技術、文化等各種關係順利的發展，同意互相設置駐外辦事處，決議下列事項…。」[21]。

---

[20] 該條規定：「開羅宣言的條件必將實施，日本的主權限制在本州、北海道、九州、四國及中華民國、英、美所決定的其他小島」。

[21] 淺野和生，〈日台的歷史關係和法的關係〉，《驟變的亞洲政治板塊和日

事實上，這個辦事處延續很多大使館的功能，職員也多是從各部會派出的人員。可是因為是民間機構的代表，所以雙方的代表都是由民間人員擔任。美國的情形是有國內法依據的《台灣關係法》，做為美台窗口從事民間團體的活動，日台的情況是交流協會和亞東關係協會都沒有法的依據，這點從當時的官房長官二階堂進和台灣外交部的談話發表。二階堂官房長官說：「隨著日中建交，現在我方跟台灣之間的外交關係已經不存在，在日台間最近的距離是為延續日台民間等級的人民來往、貿易、經濟等等各方面交流而成立雙方的民間辦事處，可說是自然的趨勢，現在基於決議成立辦事處，期待能夠順暢的促進各種民間交流。政府的方針是儘量在我國國內法的範圍內給予支持和協助。另外，日本政府關於往來日台間的中國人入出境、滯留、身體財產的安全，在我國國內法範圍內，不必擔憂實質性會比從前更不利的狀況。」[22]。

## （三）戰後台日防衛軍事交流（到1972年斷交為止）

### 日本人軍事顧問團

可能很多人不盡知道，在1972年斷交以前，日台間一直有活躍的安全保障交流。在日本，直到中村祐悅出版《白團：訓練台灣軍隊的日本將校們》[23]一書，近年這項交流才逐漸受到矚目。在此以中村祐悅的著書為主，介紹有關戰後日本人軍事顧問團的逸話。

---

台的羈絆》，早稻田出版。

[22] 前揭淺野，「日台的歷史關係和法的關係」。

[23] 中村祐悅，《新版　白團：訓練台灣軍隊的日本將校們》，芙蓉書房。

1949年，國共內戰的結果，共產黨擊潰國民黨，眼看國民黨軍隊就要瓦解，美國在1949年2月撤退駐天津的第三海軍陸戰隊，同年8月5日發表《中美關係白皮書》[24]，指責國民黨的腐敗無能，必須承擔在大陸敗戰的責任。缺乏援助的國民黨軍隊，連一般正規軍隊的體制都沒有。另一方面，國民黨的蔣介石總統對於曾經敵對的日本，能在明治維新短期內就訓練出近代化軍隊，有相當高的評價。

在這樣的背景下，蔣介石覺得若與美軍相較，日本軍隊裝備雖嫌薄弱，但是規律嚴格，富勇敢戰鬥精神，為重建與日本相同的國民黨軍隊，決定招聘原本是日本軍隊的高級軍官，成立軍事顧問團。這個日本軍事顧問團，從1949年末到1969年初大約二十年間，進行對國民黨軍隊（台灣軍隊）的將領再教育和軍隊的動員體制整備，當時稱呼這個顧問團為『白團』，因為當時的前陸軍少將富田直亮團長，當時在台灣名字叫做白鴻亮。

二次大戰結束時擔任中國派遣軍司令官的前大將岡村寧次，對於蔣介石圓滿處理滯留在中國大陸的日本軍隊和引渡滯留的日本人回國，為了報答對在中國的日軍戰犯寬大處置的恩德，非常盡力協助創設這個軍事顧問團。同時，由於在中國大陸對中國共產黨的毒辣手段及邪惡的謀略工作有慘痛經驗，軍事顧問團成員也反覆思考如何遏止共產主義的膨脹。

在此背景下，1949年9月，第一批以富田為首的17名前日本

---

[24] 《中美關係白皮書》，正式名稱為《美國與中國的關係：特別著重一九四四年至一九四九年的階段》（The China White Paper, originally United States Relations with China: With Special Reference to the Period 1944-1949）[1][2]，又稱《對華關係白皮書》、《中美問題白皮書》。

陸海軍軍官，在極機密的狀況下組成，（在往後20年的活動期間，來台的白團成員總數達到83人）。這些成員的挑選也委託前海軍上將及川古志郎處理。在盟軍佔領日本的狀態下，前來台灣必須採取偷渡方式，因此白團成員分成幾批，避開日本當局、美國、中國共產黨的目光，偷偷來到台灣。

與此同時，還有和白團不同管道被招聘來台的日本軍人。那就是祕密來到台灣積極指導國民黨軍隊的日本軍官，包括前駐蒙古司令官、前北支那方面軍司令觀的根本博元陸軍中將為首的7名前日本將校軍官。當時，在台灣海峽靠近中國大陸的金門島，是國民黨軍隊從中國大陸撤退，準備將來做為反攻大陸，也是戰略位置要衝的島嶼。因此，國民黨軍隊在1949年10月自大陸全線撤退後，便屯駐在金門島。此時，共產黨軍隊攻擊位於金門島的古寧頭海岸，爆發著名的「古寧頭戰役」。自1947年6月開始即接連失敗的國民黨軍隊，在根本博元前中將的巧妙作戰指導下，居然擊潰進犯金門的共產黨軍隊。隨著這個勝利，國民黨軍隊的士氣大幅提升。直到1952年回到日本的三年當中，根本博元一直進行各種作戰指導。在2009年舉辦的古寧頭戰役勝利60周年紀念典禮上，馬英九總統致詞說：「這個戰役是現代中國歷史上重要的一頁，改變海峽兩岸的命運」[25]，但是關於在這個戰役當中的日本人角色，不僅是台灣人還有日本人幾乎都不知道。

1950年，在台北圓山成立以初級士官、校官和將官為教育對象的「圓山軍官訓練團」。面對連基本軍事教育都沒有接受過的士兵，以及對文化差異、戰敗國日本人的不滿和反彈，在種種辛苦

[25]「台灣週報」，台北駐日經濟文化代表處首頁，2009年。

的問題之下，前述的白團開始進行指導課程。另外，對於校官及將官階級的軍人，實施以海陸空軍為統合作戰思考的先進教育。由於白團的工作符合蔣介石的期待，因此給予白團的軍事教育及演習的指導極高評價。結果，白團教官到1951年增加到70名以上。

另一方面，要持續這樣的機密活動是相當困難的。1949年11月12日，日本共產黨籍的細川嘉六議員在日本國會質詢「日本人義勇軍參加國民黨軍隊的真相」及「倡導前陸軍上將為中心的特別軍事協定組織」，職疑關於前日本軍人偷渡的問題及白團的存在。中國共產黨對於白團的活動也有相當程度的掌握。盟軍駐日佔領軍司令部（GHQ）也收到關於白團的情報，岡村在接受GHQ詢問時也默認，且當時的首相吉田茂也同樣默認。

1951年，正式的美軍軍事顧問團來台，聽到關於白團的傳說，向中華民國當局提出強烈抗議。為掩人耳目，白團的教育機構搬遷到石牌（台北市北投區），1952年以「實踐學院」的名稱，進行高級幕僚的教育課程，此時大多數白團成員都已回到日本。

由於在實踐學院所使用因應高級教育教材不足，1952年秋在日本東京成立支援白團組織的「富士俱樂部」。在富士俱樂部進行對戰史、戰略理論、國防問題、國際情勢等的廣泛研究，活動一直持續10年。根據中村先生的研究，期間總收集七千冊以上的軍事圖書，做成五千個以上的研究資料送到台灣。

在實踐學院也有少數台灣本省人參與學習，可是他們即使是很優秀也是無法和外省人一樣，沒有辦法受到重視。1965年7月，實踐學院的任務結束，白團的成員人數減少到只有五名，都是在大直（台北中山區）的陸軍參謀指揮大學任教，此時白團成員主要工作是培養教官。

## 軍事交流

至於在斷交前白團管道以外的交流模式，是前日本將校軍官和現役的自衛隊軍官，與中華民國軍方相關人士的相互拜訪。另外，從1966年開始到斷交以前，從國民黨軍隊（台灣軍隊）當中挑選將校軍官，到日本陸上自衛隊幹部學校留學，希望促進兩國的軍事交流。根據紀錄統計，來自台灣的留學生數量有五位，日本在這個時期也有兩位自衛隊軍官到台灣留學。

**台日軍事交流（斷交前：～1972年）**

| 和平條約締約前的中華民國駐日軍事代表團長 | |
|---|---|
| 朱世明 | 1946年4月～1947年3月 |
| 商震 | 1947年4月～1949年3月 |
| 朱世明 | 1949年3月～1950年4月 |
| 何世禮 | 1950年5月～1952年7月 |

| | 台日軍事交流狀況 |
|---|---|
| 1954年11月10日 | 西浦進（前陸軍上校）、高田利種（前海軍少將）訪台 |
| 1956年7月22日 | 日本軍事顧問團訪台 |
| 1957年11月18日 | 槙志雄防衛大學校長訪台 |
| 1959年2月25日 | 土居明夫（前陸軍中將）訪台演講 |
| 1959年9月下旬 | 下村定（前陸軍上將、陸軍大臣） |
| | 野村吉三郎參議院議員（前陸軍上將、駐美大使）訪台 |
| 1962年11月12日 | 田中義南統和幕僚學校長訪台 |
| 1966年9月20日 | 水谷秀澄海上自衛隊練習艦隊司令官訪台 |
| 1967年2月19日 | 蔣緯國將軍訪日 |
| 1967年11月27日 | 蔣經國國防部長訪日 |
| 1968年11月8日 | 梅澤治雄陸上自衛隊幹部學校長訪台 |

出典：筆者根據河合龍介《中華民國與日本軍事交流及安全對話的研究》（國立政治大學碩士論文）整理

還有日本海上自衛隊的艦艇到台灣泊港，自衛隊和國民黨軍隊（台灣軍隊）之間的情報交換等等，兩國的防衛軍事交流以正式與非正式的管道進行著。

## （四）非正式關係的日台交流

### 非正式交流的開始和頻繁

1973年3月，在日本以27位自民黨的保守派政治家為中心成立「日台關係議員懇談會」（1997年改名為「日台議員懇談會」），目的在於支持不具有高階政治層級案件處理能力的交流協會。關於經濟問題，交流協會和亞東關係協會招開「經濟貿易會議」，但在日台關係議員懇談會的成員所主導的政治性會議上，有中央省廳層級的課長與會發言。此外，日本官方的成員在和台灣官方見面的場合也不侷限在東京的政府場所，「私人」的會面已經成為慣例。

1974年4月20日，日中航空協定簽約。同日，台灣政府就決定台灣中華航空的日台航線即日起停飛。可是經過一番迂迴曲折，1975年7月9日，為顧及「維持日台民間航空業務」，重新簽約的日台航線再度開啟。在經過沒有邦交狀況下的混亂，新的日台之間的交流朝向現實面，也就是實質性的方向慢慢產生變化。

1978年8月12日，日中友好條約簽訂，但在交涉的過程當中，雙方關於台灣問題被刻意迴避。接著，1979年1月美國和中國建交，台美斷交。但美國對於這個問題，於同年2月制定國內法的《台灣關係法》，賦予美國今後關於台灣的安全和維持和平行為的法源根據，隨著這個法案使得不安定的台美關係得以安定。

隨著美中和日中關係的漸趨安定，台灣方面雖然無可奈何，但台美和台日關係也只能隨之安定，日台間的經濟交流也開始發展。因此，北京政府經常對台灣領導人發表神經質般的言論，威脅行使武力的可能性，動輒就警告和威嚇。相對地，在台灣受到日本統治時代教育的世代，在社會上是中堅份子，比起中國來說，反倒是寧可親近日本。同樣地，日本人對台灣的處境也較為同情。

自此開始，台灣加速民主化和「台灣本土化」。1984年2月，蔣經國增加本省籍在中央常務委員的席次，指名本省籍的李登輝作為副總統。在這樣的潮流之下，再加上美國強力要求國民黨民主化，台灣組成在野黨的機率大為提高。1986年9月28日，批判國民黨勢力的人士集結，組成在野的民主進步黨（民進黨）。同年10月5日，蔣經國召開中央常務委員會，決定解除戒嚴令，通過修正禁止組黨的黨禁條例，修正《非常時期人民團體組織法》和《選舉罷免法》，1988年1月1日開放報禁。接著，1988年1月13日蔣經國去世，副總統的李登輝繼任總統。1989年1月20日的立法院根據《動員戡亂時期人民團體法》，民進黨正式合法化。1990年6月，各黨派的代表參加「國是會議」，廢止《動員戡亂時期臨時條款》及啟動憲改，終結「萬年國會」，同意數十年沒有改選的「國大代表」退職。

受日本統治時期教育的國民黨副總統本省籍的李登輝，對日本感受台灣的情感特別強烈。從猝死的蔣經國繼承總統大位，同時又遇到使中國在國際地位孤立的1989年「天安門事件」，冷戰結束前後的台灣，面臨著很大的政治變化。民主化和言論自由開始萌芽，在李登輝政權下，「台灣獨立」的主張也被容許發展。

另外，李登輝也大幅改變此前的國民黨方針，努力開展「務實外交」，也就是開始訪問和中國有邦交的國家，致力於參與中國是會員國的國際組織，推動以此為目標的外交方式。在這種情勢下，發生1994年10月廣島亞運出席代表引起的李登輝總統訪日問題。科威特籍亞洲奧林匹克委員會（Olympic Council of Asia，OCA）會長艾哈麥德・赫德希望廣島亞運大會能夠招待李登輝訪日，但是日本外務省對李登輝訪日的問題始終消極對待，因為中國針對這個問題強烈施壓，反對邀請李登輝出席。

結果，日本政府雖然取消對李登輝的邀請，但是接受台灣行政院副院長徐立德代表出席，中國對於這點一再責難日本。1994年10月22日，在日本大阪舉行的APEC中小企業部長會議，日本通商產業省大臣橋本龍太郎和台灣經濟部長江丙坤進行會談，兩位部長的會談是自1972年台日斷交以來劃時代的情事。

隨著京都大學畢業、自稱「到22歲以前是日本人」的李登輝上場，加深以非正式管道進行的台日交流。例如李登輝和當時東京外國語大學教授中島嶺雄設立的「亞洲展望論壇」，深化政界、官界、產業界、學術界交流的研討會，每年輪流在台北和東京舉行。1992年，為加強順暢的台日關係及台灣的民主化為背景，日本將亞東關係協會駐日機構，變更名稱為擁有高度政治性功用的「駐日台北經濟文化交流代表處」。自1990年以來，台灣的政府高官可以訪問日本，並和日本政府要人高層接觸。

李登輝在1996年第一次總統直接選舉中當選，台灣政治面臨轉換期。1990年代後半，李登輝實際掌握台灣的權力，更進一步使得台日間的半官方・民間層級的交流更加頻繁。

2000年，日本企業聯盟和台灣高鐵公司簽訂關於台灣高速鐵路系統引進日本新幹線的契約。2001年4月，前總統李登輝健康狀況惡化，必須緊急在日本接受心臟病手術治療，對李登輝總統的簽證發給，日台各界予以強力聲援，結果在中國及日本國內親中派的反對聲浪下，李登輝再度前往睽違16年的日本。

## 日美同盟和台灣

沒有國內法做為法源依據的日本，基本上是藉由美國做為間接和台灣的安全保障關係。

1996年3月，台灣史上第一次直選總統時，中國軍隊在台灣海峽附近進行軍事演習，企圖以武力威嚇來干擾台灣選舉。此時，美國派出以橫須賀港為母港的航空母艦獨立號以及在波斯灣的航空母艦尼米茲號的兩個航空母艦戰鬥群（後來的航空母艦打擊群）到台灣海峽附近的海域。這時日本對於若台灣發生軍事衝突時的「在台僑民救援」、「難民問題」、「沿岸警備和反恐對策」、「對美支援」等狀況，日本政府如何應對的課題浮現檯面。同時，美國提供情報和美日軍事合作問題也都先後顯露。

為因應這些問題，日本首相橋本龍太郎和美國總統柯林頓在1996年4月發表《美日安全保障共同宣言》，1997年9月簽署新的《美日防衛合作指針》。根據新的防衛指針，闡明在東亞安全保障環境中，日本將扮演更加獨立的角色，同時也突顯台灣的重要性。此外，新指針確認在周邊發生事態時，日本對美軍提供支援和民間港灣機場等40個項目。

該新指針討論的焦點在於周邊有事的區域「是否包括台灣？」。在協議過程中，同年7月，自民黨幹事長加藤紘一表示：「新指針沒有考慮中國的想法」，但官房長官梶山靜六在一個月後的發言說：「中國和台灣的紛爭當然包含在內」。接著，外務省大臣池田行彥和日本外務省都擁護梶山官房長官的見解，給中國政府當權者帶來極大刺激。

2005年2月，在美國華盛頓召開的美日安全保障協議委員會（又稱「二加二會議」）共同發表宣言，歡迎中國在地區性及全球性負起有責任的建設性義務，「發展中國的合作關係」、「促進台灣海峽問題的和平對話」、「敦促提高中國軍事透明度」，明確的示對中國的嚴峻態度。

《美日安全保障條約》中的「遠東條款」、《美日防衛合作指針》、1999年制定的《周邊事態法》、2005年的「二加二會議」等，將台灣海峽的安全做為美日同盟的共同戰略目標，都是美日安保是台灣安全保障不可欠缺的佐證。

### 陳政權和小泉政權

台日之間的距離由間接合作關係，開始一點點地接近，是由小泉純一郎和陳水扁這兩位與以往日本和台灣的國家領導者個性迥異的領導者登場所致。在此，台日關係的論述是基於台灣國際政治專家楊永明的主張[26]。

民進黨的陳水扁自2000年3月18日勝選總統以來，民進黨和台灣政府當權者在台日關係方面的作法，是謀求1972年體制的改變，採取較以往更為柔軟的外交。對於陳水扁政權來說，對日外交的重要意義有下列四點。第一、日台關係在外交、經濟、社會層面向來就非常重要。第二、日本和中國在政治、歷史的問題一

[26] 楊永明，《東亞的構造變動和台日關係的重組（2000～6年）》、《日台關係史1945年～2008年》。

向對立，隨著日台雙方相互關係的加深，可以減輕中國在政治上、外交上的壓力，能夠加深和東亞民主國家的相互交流。第三、因為美日關係日益緊密，日台關係如能有所進展，特別是在安全保障 ・ 軍事範圍也能加強美台關係。第四、長期作為在野黨的民進黨，過去欠缺和日本各界的總體交流，因此有必要在短期間內深化和日本的交流。

在這樣的背景下，陳水扁政權將總統府、外交部、立法院、民進黨、民間智庫等單位做最大的運用，推動對日本的外交。總統府和外交部更為對日外交成立新的部門。民進黨的立法委員和日本的國會議員成立以促進交流為目的的「日台國會議員友好聯盟」。

台灣的外交部很重視推動對日外交的第二軌道安全保障對話。台灣政府對日本及台灣民間智庫，或者說是日本、美國、台灣進行安全保障對話的組織，給予間接的支持，前自衛隊官員和退役的軍人、前政府官員、安全保障專家都參與其中。這樣的對話對於加強美日台的專家交流，三角安全保障網路的形成，都有很大幫助。

另一方面，同時在日本擁有高支持率的小泉純一郎成為總理大臣，日本對中國的政策轉為嚴峻的姿態，而日本政府對1972年體制則採取柔軟的對應。吾人可舉出下列四個主要的事例。

第一，日本支持台灣以觀察員身分參加2002年的世界衛生組織（WHO）。第二，日本政府在2003年1月派遣前陸上自衛隊將官到交流協會台北事務所，擔任類似斷交後就沒有設置的武官職務。第三，台灣行政院於2004年8月承認亞東關係協會及交流協會所締結的入出國管理合作協定。根據該協定，日本和台灣可依狀況相互派遣負責人到機場，對於持本國護照的歸國僑民進行出發前的護照及簽證檢查，可以早期發現不合規定者以阻其回國。這樣半官方層級的作法對於反恐活動有劃時代的協助功用。第四，釣魚台列嶼的主權問題牽涉很大，台日間的漁業交涉先暫時擱置1972年體制的限制，從1996年開始談判，經過長時間的交涉，在2013年達成協議。

楊永明指出關於日本的安全保障問題，在台灣海峽有事時，美日安保體制應規定明確的地理區域位置及承諾，避免「戰略性模糊」，同時對於台灣海峽和平的態度，應該要表示「戰略性明確」。

舉例而言，「戰略性明確」可參考下列事項。2003年陳水扁政府宣布，2004年的總統選舉日，合併進行「防禦性公投」，日本政府派遣交流協會的內田勝久所長向總統府傳達直接的憂慮，表明希望陳水扁政府能夠採取慎重態度的立場。另外，在2005年3月14日，中國通過針對台灣獨立時行使武力的《反國家分裂法》，日本外務省發言人隨即表示「中國全人代通過的《反國家分裂法》，表示在台灣有獨立行為時將採取非和平手段，日本擔心這對台灣海峽的和平與安定，以及近來稍有緩和的兩岸關係，帶來負面的影響」[27]，「對於台灣海峽的問題，日本一向反對行使武力，反對所有和平解決以外的方式」。

## （五）馬英九的外交政策

擔任兩任總統的陳水扁有強烈獨立傾向，但結果不只是兩岸

[27] 外務省首頁，〈關於反國家分裂法〉。

關係，連台美關係也惡化。台灣人此時希望能和軍事力、經濟力快速成長的中國安定。因此，在這樣的背景下，國民黨的馬英九在2008年3月22日取得總統選舉的勝利。同年4月，副總統蕭萬長出席在海南島舉行的博鰲論壇，利用這次會議與中國國家主席胡錦濤進行會談。隔月，國民黨主席吳伯雄在中國與胡錦濤見面。

台灣和中國共產黨高層直接會談，這是1949年國民黨政府播遷台灣以來首次進行。同年6月，台灣方面負責和中國交涉的窗口機關海峽交流基金會長江丙坤訪問中國，和中國方面的對話窗口機關海峽兩岸關係發展協會的陳雲林會長在北京進行會談。這是兩機關從1999年中斷會談以來的首次正式接觸。如前所述，馬英九就任總統以來急遽和中國恢復、發展關係。

馬英九自擔任總統以來，其外交策略即以所謂「活路外交」為基軸。活路外交的原則是「擁護中華民國的主權」、「已經濟力和經濟活動開創外交空間」、「參加國際組織重視務實彈性，名稱可以不用考慮」、「不管用什麼名稱參與國際活動，都要遵循平等互惠原則，堅持台灣尊嚴」[28]。

可是在台灣獨立派和親台灣派的日本人看來，馬英九政權的政策被批判為過度向中國大陸傾斜。馬政權的安全保障政策就是採取不去刺激中國的姿態，進行削減國防費用及廢止徵兵制度的討論。2008年馬英九就任總統以來，兩岸關係的貿易和投資的經濟關係急速加深，台灣和中國的關係強烈傾向統一發展。

兩岸政府高層會談顯現政治對話的層級提升，被解讀為國力增強的北京政府頗有餘裕的體現。另外，眾多台灣人抱持著台

[28] 福田円，馬英九政權的〈台日特別合作夥伴關係〉，《問題與研究》41卷4號，2012年。

灣將不是被武力，而是被中國大陸以政治經濟吞噬的危機感。接著，中國突然在2013年11月23日宣布設立東海防空識別區，馬英九總統表示「沒有影響領空及主權問題」，而在野的民進黨則批判馬英九軟弱的態度。

承認一個中國的馬英九政權的對日外交政策，和陳水扁第二任時的「1972年體制再檢討」見解不同，基本上是基於1972年體制而推動務實交流[29]。2009年1月，台灣外交部訂定2009年為「台日特別夥伴關係促進年」，並發表推動經貿、文化、青少年、觀光、對話五個層面為主軸的加強合作交流方針；2011年3月11日發生東日本福島大地震後一個星期，馬英九夫婦在台灣電視的慈善募款節目親自接聽電話，呼籲對日本的援助捐款；同年7月，發表關於福島震災的重建支援、促進觀光的「日台關係倡議」；2011年9月和11月，雙方先後簽署《日台民間投資協定》及《開放天空協定》；2013年雙方簽定經濟相關的「台日優先權證明文件電子交換合作備忘錄」。

接著在2008年9月，日台發表簽定「日台特別夥伴關係」，表示「台日雙方在歷史、文化、經濟與安全等各個層面都有著深厚的特別夥伴關係」、「台灣和日本維持密切的政治交流，台灣海峽的安全保障問題是台日兩國及美日安保體制所共同關心的問題」，強調台灣和日本的安全保障相互關聯。根據這項文書，台日關係列舉三個優先課題，即「促進和日本的全面交流」、「對中關係上面解除日本方面的疑慮」和「解決漁業問題」。

馬英九總統在哈佛大學留學時期的博士論文標題是「關於

[29] 淺野和生，「台灣的歷史和日台關係：從以前到馬英九政權」，早稻田出版。

東海的海洋資源紛爭」，同時對於釣魚台主權的問題，馬英九曾參加台灣的保釣運動。對於與日本的釣魚台問題，比起李登輝政權及民進黨時期，馬英九總統的強硬態度是值得注意的。還有對於「日軍慰安婦」等歷史問題，馬英九總統每次一有機會就對日本批判。因此，馬英九政權對台灣的歷史教育教科書重新審查，預計今後的高中教科書會對中國大陸有善意，對日本過去的行為（包括在台統治時期）將會有負面的表述。由於馬總統這樣的態度，使得台灣和日本的關係，特別是在安全保障及軍事方面，令人不得不對將來合作的可能性抱持著不安。

在這些急速進展當中，浮現馬政府呼籲簽訂協議的台日間釣魚台周邊海域的漁權問題。

## 二、釣魚台列嶼相關問題

### （一）釣魚台列嶼概要

釣魚台列嶼（日本稱為尖閣群島）位於東海的東經123度，北緯25度，由5個無人島和3個岩礁所組成。其中最大的島是釣魚島，離沖繩縣八重山諸島約90海浬，離台灣約120海浬。釣魚台列嶼總面積有6.3平方公里，其中釣魚台面積有3.6平方公里，周圍約有12公里長。日本深切注意到釣魚台列嶼是無人島且清國也沒有實質統治，乃於1895年的內閣會議就將釣魚台列嶼入沖繩縣，正式成為日本的領土。自此以後，除美國對沖繩行使施政權時期以外，都是由日本進行實質統治。島上原先有248名日本人居住，還有一個鰹魚罐頭工廠，可是工廠在二次大戰期間關閉，戰後也成為無人島。

日本在甲午戰爭中取得勝利，根據1895年5月簽訂的《馬關條約》，清國割讓台灣以及澎湖群島給日本，但此時割讓範圍並沒有包含釣魚台列嶼。第二次世界大戰後，根據1951年《舊金山和約》第三條，美國實質擁有琉球群島以及西南諸島的統治權，所謂西南群島就包含釣魚台列嶼。根據1971年簽約隔年生效的《沖繩歸還協定》，施政權歸還日本的沖繩縣就包含釣魚台列嶼。就此而言，釣魚台列嶼是日本固有領土殆無疑義。

1961年東海大學的新野弘教授率先發表東海可能埋藏豐富石油和天然氣的論文，釣魚台列嶼就開始備受貯目。根據1968年聯合國遠東經濟委員會（Economic Commission for Asia and Far East；ECAFE）的學術調查，再度證實東海蘊藏豐富的石油資源。

根據1951年《舊金山和約》第三條，釣魚台列嶼屬於美國管轄，台灣方面也沒有任何異議，在1952年《中日和約旦（日稱日華和平條約）》交涉過程當中，台灣方面也沒有提起任何對釣魚台列嶼的領有權問題。但在1971年時，台灣甚至中國都主張對釣魚台列嶼的領有權。台灣主張「釣魚台在歷史上、地理上是台灣固有的領土，美國應該根據《舊金山和約》歸還給台灣」，另外中國則主張「釣魚台是在甲午戰爭中被日本侵占的」。

1978年，日本右翼份子的日本青年社為主張對釣魚台的領有權，在島上興建燈塔，從此台灣和中國的民間團體不斷在釣魚台海域進行抗議活動。日本對於釣魚台列嶼的基本立場是「釣魚台列嶼是日本固有的領土，在歷史上、在國際法上都沒有疑義，現在是日本有效的統制範圍」、「釣魚台列嶼不存在應該解決的領有權問題」。

## （二）近年釣魚台大事紀

2005年6月9日、由於日本和台灣宣布的專屬經濟區（Exclusive Economic Zone，EEZ）重疊，日本海上保安廳陸續逮捕台灣漁船，台灣漁船約50艘到100艘組成船隊前往釣魚台列嶼附近海域，對日本政府進行抗議。6月15日，台灣海巡署為確保台灣漁船在台灣經濟專屬區包含釣魚台列嶼的作業安全，決定派出巡邏艦艇進行護漁警戒活動。針對此事，沖繩縣石垣市議會在6月17日做出贊成上陸的決議做為回應。6月21日，台灣國防部抗議日本巡邏艇持續在釣魚台列嶼周圍海域驅趕台灣漁船，由國民黨立法院長王金平率領16名記者及立法委員在國防部長李傑陪同下，乘坐台灣海軍護衛艦「鳳陽號」前往釣魚台列嶼巡視。當時的台北市長馬英九表示「為了主權和日本不惜一戰。」[30]。

2008年6月10日，16名台灣人搭乘台灣籍遊艇「聯合號（CT3-5816）」海釣船進入釣魚台海域領海內，和日本海上保安廳甑號（こしき／Koshiki，PL123）巡視船發生衝突，並遭其連續撞擊兩次而沉沒。沉沒的「聯合號」船員和乘客全數獲救，由巡視船救起送往石垣島。13名乘客由台灣巡視船引渡回台灣，船長及兩名船員被扣押偵訊，台灣親中媒體大肆報導這個扣留事件，由於當時國民黨佔多數立法院席次，因此台灣政府也對日本採取強硬態度。

6月12日，在交流協會台北事務所前進行數十人規模的遊行。隔日，立法委員李慶華針對「聯合號」海釣船遭撞擊沉沒事

[30] 淺野和生，〈馬英九政權的誕生和日台關係〉、〈馬英九政權下的台灣和東亞〉。

件，質詢台灣政府是否將不惜一戰？時任行政院長劉兆玄回應說：「對」。6月16日，台灣民間組織搭乘「全家福六號」前往釣魚台列嶼海域抗議，隨行的有五艘台灣護衛艦。結果，對於「聯合號」衝突事件，日本海上保安廳表示第一階段的道歉及賠償而使事件告一段落，但此事也開下台灣巡邏艦進入釣魚台海域的先例。[31]

前台北駐日經濟文化代表處代表許世楷，在擔任駐日代表期間（2004年–2008年）曾表示：民進黨政府關於釣魚台列嶼的問題主張三個原則，「釣魚台列嶼是台灣的主權範圍，這一點是不變的」、「台灣不和中國聯合保釣行動」、「台灣和日本應該相互和平會談解決問題，不要有多餘的挑釁舉動」[32]。該事件發生在馬政權剛開始的早期階段，給人的印象是和李登輝政權及陳水扁政權不一樣的強硬態度。

2009年9月13日，海上保安廳巡邏船在釣魚台列嶼緝捕台灣籍娛樂漁船「福爾摩沙酋長2號」，漁船被拖帶前往宮古島。對於當時趕到現場的台灣海巡署職員遭受到日本海上保安廳官員的粗暴行為，台灣外交部方面向日本提出抗議。

2010年9月7日，釣魚台列嶼海域發生日本海上保安廳巡邏船和中國漁船的衝突事件，中日關係一夕之間變得非常緊張。2010年9月13日，主張釣魚台主權的中華保釣協會兩名幹部，為表達對日本的抗議，搭乘漁船從台北縣野柳港出發，進入到離釣魚台

[31] 門間理良，〈日台友好關係當中的烏雲—台灣巡邏艦入侵釣魚台列嶼領海〉，《交流》第800號。

[32] 櫻井良子／許世楷，〈東亞合縱連橫的時代：日本的關鍵與心〉，月刊《正論》，平成22年12月號。

約40海浬的地方時，受到日本海上保安廳艦艇的包圍，隔天調頭返回台灣。中華保釣協會原本計畫在10月8日進行以登陸釣魚台為目標的抗議活動，此時因受到馬政權的阻撓而被禁止出港。

2014年4月，東京都知事石原慎太郎提出東京都想要收購釣魚台的想法，日本民主黨政府因擔心石原有過激的作為，表態要將釣魚台土地國有化，馬政權提高警戒，中國也同時批判日本，台灣漁船更是在釣魚台列嶼附近進行海上抗議行動。

同年7月7日，民主黨的野田佳彥首相決定由日本政府將從居住埼玉縣的釣魚台列嶼地主手中購買的方案，馬總統提出抗議；「對釣魚台主權絕對不讓步」、「日本在1895年將釣魚台列嶼納入國土，事實上是不法的侵占」。[33]

同年8月5日，馬總統在《中日和約（日稱日華和平條約）》簽訂60周年紀念座談會上，主張釣魚台列嶼是台灣的領土，對日本、台灣、中國提出「東海和平倡議」，提案重視相互自制的對話、遵守國際法和平解決、策定行動規範、共同開發資源。馬總統發表倡議的目的，也有牽制日本將釣魚台列嶼國有化的想法。

同年9月11日，野田首相以日本政府將釣魚台國有化。馬政權提出強烈抗議，隔日召駐日代表沈斯淳回國。9月25日，台灣8艘巡邏艦及58艘台灣漁船進入釣魚台列嶼周邊的日本領海，日本海上保安廳出動45艘巡邏艦與台灣巡邏艦進行互噴水柱驅離。

### （三）台灣和中國的合作

和日本之間的釣魚台問題，中國每每都和台灣採取共同步

[33] 亞洲經濟研究所，《亞洲動向年報（2013）》。

調。2010年8月，中國軍事科學學會副秘書長羅援少將提出下列提案；我們必須要求同存異，而且蔣介石先生也是在追求民族大義而進行國共合作，兩岸要將民族利益作為第一優先考量，在南海、東海、釣魚台問題上，兩岸軍人應該共同守護祖國的主權。[34]

同年9月的釣魚台衝突事件發生後，中國對台灣方面的抗議行動大加讚揚，台灣統派媒體《聯合報》大肆刊載專家們呼籲台灣和中國聯合保釣的意見。中國國務院對台灣事務辦公室在2012年4月25日表示：「南海諸島和釣魚台問題是中國和台灣共同守護的責任」。然而，針對這項發言，台灣行政院大陸委員會主任委員賴幸媛隔日在立法院表示：「這些島嶼是中華民國固有領土無庸置疑」、「關於主權的問題不會和中國發展共同戰線」[35]。

同年8月15日，「香港保釣行動委員會」7名成員成功登上釣魚台，日本在島上逮捕5名現行犯，在船上逮捕9名，合計14名。台灣方面事先並沒有料想到會發生這起事件。當時香港的保釣人士們手持台灣青天白日滿地紅國旗進入釣魚台。因此，台灣保釣運動被設計成和中國、香港、澳門聯合活動的印象。

事實上，保釣人士所搭乘的「啟豐二號」在台中港要申請入港而被拒絕，假如入港成功的話，台灣當局將被視為給予這次保釣行動方便。可是，台灣當局也有基於人道觀點給予保釣人士飲水跟食物，此時可能也考慮到保釣人士的飲水和食物不足。同月16日，台灣外交部發言表示：「台灣國旗出現在釣魚台和現在台灣領土主權的主張是一致的，但是被逮捕的保釣人士手持台灣國

---

[34] 日暮高則，〈環繞釣魚台的中台關係〉，《東亞》第523號。
[35] 亞洲經濟研究所，《亞洲動向年報》。

旗進入屬於自發性行為，和台灣政府沒有關係。[36]

2013年1月24日，台灣中華保釣協會的保釣人士在4艘巡邏艦的護衛下，乘船進入釣魚台周邊海域進行抗議，這次出航被認為是馬政權的意圖，美日都認為是挑釁行為。這次事件當中，日本海上保安廳出動8艘巡邏艦進行噴水柱，中國的3艘海洋監視船也在現場附近，由於台灣、日本、中國的政府公務船在釣魚台周圍海域對峙而備受注目。[37]然而同年2月8日，馬英九政權對該抗議船隻處以禁止出港3個月的處分，馬英九的這項處分被認為是來自美國的壓力。

2月8日，台灣外交部發表聲明：「我國在處理釣魚台紛爭的立場是不會和中國大陸合作，台灣的馬政權不和中國合作，其理由包括如下五點：（1）雙方主張的法源不一樣；（2）雙方解決紛爭的想法不一樣；（3）中國大陸不承認台灣的領有權，沒有辦法和中國大陸交涉；（4）中國大陸的介入將使漁業談判受到影響；（5）兩岸有必要考慮到東亞的區域均衡及國際社會的疑慮。

小笠原教授在部落格中對這個聲明做下列分析：馬政權是評估到習近平剛上台、歐巴馬第二任期剛開始、安倍政權的上台以及台日漁業談判有進展還是決裂的時間點，所以選擇在這個階段發表聲明，「擴大和中國的經濟關係，維持和美日的政治經濟及安全保障關係」，這是馬總統就任以來一貫的基本戰略。這個是非常抽象的想法，馬政權是不是判斷在美日和中國激烈交鋒當

[36] 門間理良，〈中國採用共同步調處理釣魚台問題〉，《交流》第544號。

[37] 小笠原欣幸，〈馬英九政權在釣魚台列嶼問題上不和中國合作〉，小笠原欣幸部落格。

中，繼續和大家維持朋友還是被迫退回原點，現在正是關鍵的時刻。

同年3月11日，台灣海岸巡防署宣布：「今後進行的保釣運動，台灣船隻如攜帶中國五星旗時，巡邏艦將不再給予護衛」。實際上，中華保釣協會的抗議船在釣魚台附近海域的時候，故意揮舞中華民國國旗，給予台灣和中國對釣魚台問題在處理上是一致的印象。事實上，由於報導質疑中國保釣協會和中國兩者之間可能有私下關係，使得馬政權被懷疑台灣和中國聯手，因此對這個問題特別敏感。

中國在領有權上利用和台灣聯手做為目標，可是馬政權卻忽略美日同盟的重要性。日本特別會考慮到憂心「中國、台灣在東海南海聯手的可能性」以及「台灣對美日同盟的距離感」的美國。

## （四）日台民間漁業協定

審度當前情勢和日台的海軍戰力，和中國相比，台灣考慮以武力奪取釣魚台列嶼是很難想像的。但台日關於漁權問題在釣魚台列嶼周圍海域的爭端，對台日關係就如同骨鯁在喉。

日本和台灣在東海有釣魚台列嶼的主權問題，該海域的特殊性是「經濟海域」的重疊、漁業管理、漁業秩序、漁撈區域、漁獲種類、漁獲量以及海洋資源的保護等佔有很大比重。[38]日本對於海域重疊的問題，主張以中間線為界，希望台灣漁船不要在超越中間線的海域作業，會強制驅離在日本經濟海域作業的台灣漁

---

[38] 楊永明，「東亞的構造變動和台日關係的重組」。

船。關於這點，台灣方面表示強烈反對，高度關心這個問題。對台灣來說，比起主權問題，漁權是關係到漁民生活的重大問題，他們認為釣魚台列嶼周邊海域是「一百年以來的傳統漁場」，即使是在戰後美國託管的時代，台灣漁民還是自由地在這片海域作業。但是，事實上美國海軍對此地區有定期進行漁業監視。只是自從1972年美國歸還沖繩以後，日本就更進一步開始加強取締。

針對釣魚台列嶼的主權爭議，台灣政府在1996年設置「釣魚台專案小組」，訂定「堅持釣魚台列嶼的主權問題」、「和平理性的解決問題」、「不和中國共同處理」、「優先保護漁民權益」等四項原則。基於第四項原則，台灣暫時擱置主權爭議，以關於漁業權問題為優先交涉方針。日本也從漁業權優先的立場展開談判，從1996年8月的「第一次台日漁業談判」，到2009年為止總共談過16次，由日台交流協會和亞東關係協會進行。可是，日台對於專屬經濟區的界線有很大的差異，使得關於釣魚台列嶼周邊海域的交涉難產，而在2009年中斷談判。

2012年11月，雙方為進行第17次正式談判的會議，舉行第一回合的預備會，到2013年3月又進行第二回合的預備會。自此以後，非正式談判一直在私下進行，同年4月上旬，雙方大致上達成協議。於是在4月10日，台日雙方的民間窗口機關簽訂「公益財團法人交流協會和亞東關係協會間的漁業秩序架構協議」，簡稱「日台漁業協定」。協議的目的是：（1）維持東海的和平安定；（2）推動友好互惠合作；（3）保存海洋生物資源以及合理的利用；（4）維持漁業作業秩序。「台日漁業協定」協議的簽定，台灣各大媒體都給予善意的報導。

「台日漁業協定」規定在釣魚台列嶼的領海內，台灣漁船不可以進入撈捕作業，同時在這個以外的位置，日本專屬經濟區開放為「協議適用海域」，准許台灣漁船進行作業，台灣漁船能夠作業範圍比以前擴大約4530平方公里。將北緯27度以南的專屬經濟區的一部分，做為台日雙方本身的漁業相關法令中排除對方的「法令適用除外海域」。在法令不適用的同時，台日雙方也尊重漁業作業及作業程序的確立，以最大限度的努力設定「特別合作海域」。

為使協議能夠圓滿順暢，日本外務省、水產廳和台灣外交部亞東關係協會、漁業署各派出一名代表組成「日台漁業委員會」，對於台日間的作業規則、水產資源保護、管理設置等進行意見交換，每年固定召開一次會議。馬總統認為「非常高興」、「在主權問題完全沒有讓步的情況下，得到漁權的利益」、「意味著台日關係進入新的階段」，對於這次協議給予高度評價。[39]

安倍晉三首相認為這個漁業協定對亞洲的安全保障有很大的幫助。漁業協定也得到來自以釣魚台列嶼周圍海域作為傳統漁場的台灣宜蘭縣漁民的好感。媒體和評論家分析認為：「日本是不想看到釣魚台問題上面的中台合作」，據說日本政府簽訂協議是跟馬政權在2月8日發表「在釣魚台問題上拒絕和中國合作」的聲明有關。

2013年5月7日，第一次台日漁業委員會在台北召開，日本方面有交流協會、水產廳、外務省、海上保安廳、沖縄區漁業調整委員會的代表參加，台灣方面則是亞東關係協會、外交部、海岸巡防署、漁業署及漁業團體的代表出席。這次的會議是台日雙方

[39] 石原忠浩，〈《日台民間漁業協議》的簽定和是否興建核四的議題展開〉，《交流》第866號。

根據4月份簽訂的協議內容修正國內法的事項，同時確認這項協議在該年5月10日開始實施。

漁業協議簽訂後，關於其具體規定卻延後實施，沖繩的漁船跟台灣的漁船作業上困難的情形還是持續著。2014年1月24日，日台的漁業部門在台北召開漁業委員會，策定具體的規定。在特別合作海域裡面，從5月1日到7月31日期間，北緯26度以北屬於日本漁船的作業範圍，北緯26度以南則是台灣漁船的作業範圍。因此，在八重山北方的三角地帶海域（下列各點順序直線連結所包圍的地區為八重山北方海域：（1）北緯24度49分37秒、東京122度44分；（2）北緯24度50分、東京124度；（3）北緯25度19分、東京124度40分。從2014年4月1日起到7月31日止，日本的作業期間要和台灣的漁船保持4海浬的船隻距離。

馬政權來說，這不僅是漁權問題，還意味著美國是東海海域紛爭的調停者角色，以訴求東亞和平倡議。2013年的4月下旬，訪問日本的台灣官員表示：「台日漁業協議的簽署不是為了將中國排除在外，為今後的東海和平，日中台的學者論壇應該要召開，希望能夠建立東海的規範。」[40]。

這樣的構想在馬總統博士論文的內容裡面即有反映，我們認為是他的情感式的想法。關於這點，安倍政權同樣對中國的意識有著期待，現在的馬政權是現實主義者，從這個漁業權到對日外交，表現出為中華民國的國家利益，努力遂行公平公正的政策。馬總統理解到在安全保障和經濟面，美日台是三個重要的國家。台灣對於這些國家的立場是「親美」、「友日」、「和

[40] 太安淳一，〈東海的和事佬—台灣：釣魚台　台日漁業協定的第一步〉，《媒體展望》第618號。

中」。[41]，展現台灣的立場和馬英九的特質，說不定這將成為一系列的事情。

隨著這個漁業協議的簽訂，日台關係和釣魚台問題無疑朝著安定發展。可是對日本而言，嚴重的釣魚台問題是在中日之間，日本和中國的對立才是釣魚台列嶼真正的紛爭所在。1949年以來，所謂甜蜜的蜜月期已經過去之後，現在中國和台灣關係只要看看馬政權的外交政策就知，想像要台灣站在日本的這一邊是很難的。因此，最好的狀況是保持中立的立場，這不就是現實的看法嗎？

## 三、日本和台灣長遠的安全保障合作

對日本人來說，台灣是很受歡迎的觀光地方，透過棒球運動的交流，日本人大多數對台灣留下很好的印象。同時，很多年輕的台灣人很喜歡日本的次文化，關於日本最新的流行情報很敏感，培養出和受日本教育的世代不一樣的親日感情。另外，讓日本人感激的是，2011年3月11日東日本發生大地震時，台灣提供約200億日圓以上的善心捐款及大量物資，對此，不僅是野田首相和安倍首相等政治領導者，大多數的日本國民也發出感謝的聲音。

2012年1–2月間，交流協會進行一項台灣人對日本的意識調查，「台灣最喜歡的國家」是日本佔41%，和第二位的美國相差8%。另外，2011年5月駐日台北經濟文化代表處進行日本人對台

[41] 尾形誠，〈關於台灣的安全保障軍事交流〉，《東亞》第557號，展現台灣的立場和馬英九的特質，說不定這是一系列的事情。

灣的意識調查，「認為台灣熟悉親近」的有67%，「信賴台灣」的有84%。往來台灣和日本之間的觀光客持續增加，民間交流也很頻繁。雖然現在日本和台灣沒有邦交，但是經濟關係很密切，透過官方和非官方各種管道努力維持接觸的機會，實際上隨著《日台民間漁業協議》的簽署，大幅消弭日台之間的疑慮。

然而，在關於安全保障問題上，台灣人（特別是獨立意志很強者）對日本的反應感到不滿。例如，台灣目前在世界上有29個國家派駐一名上校中校級的武官，包含日本在內有6個國家派駐好幾名海陸空軍種的武官。雖然沒有邦交關係，美國派駐現役武官到台灣是眾所皆知的，美國以外的韓國和新加坡也都派遣武官。韓國一直到1992年還跟台灣維持邦交關係，在軍事方面有很深的交流（長久以來甚至派遣少校級的留學生到國防大學唸書，但隨著韓國政府近年來的親中政策而在2011年廢止）。新加坡是尊重自由民主的華人國家，和台灣有共同的特性，與台灣維持著緊密的關係。國土有限的新加坡，由台灣提供訓練場，將部隊接受台灣陸軍部隊的訓練。台灣遠洋海軍艦艇出航也在新加坡停靠，進行C-130運輸機長距離飛行訓練。

日本的安全保障和台灣關係緊密，日本必須主動和台灣進行交流。但是由於以日本憲法第九條為核心的強烈和平主義所產生的枷鎖，讓日本在軍事安全保障方面能提供的協助極為有限。在加上日本傳播媒體對台灣不關心，報導會顧慮中國反應的態度非常明顯，一般國民也對台灣在安全保障的重要性認知薄弱，這就是日本的現狀。

另外，在台灣方面也存在很多問題。在台灣軍隊的職業軍人中，很多高階幹部都是外省人，雖然不能一概而論，但抱持親中反日傾向的比例比本省人高出許多。外省人不只是在軍隊，在外交機關及情報機關也都佔據要職。這樣的人事偏向，對於推動日台安全保障關係，要有加分恐怕是很困難。同時，由於受到中國很大的影響，台灣主要媒體明顯有親中反日的傾向，連日報導「中國的國力如果再繼續發展，日本已經被中國超越成為弱國，就連美國也會被超越」等內容。過去的總統選舉因有展現獨立意志及反對中國而敗選經驗的民進黨，也改變政策方針，轉而重視中國問題，黨內的親日派、知日派逐漸減少。

另外說到台灣，大多數日本人有認為台灣「很多人會說日本化」的印象，可是台灣政府官員及外交安全保障相關人士會說日語的卻是少之又少。連和國民黨相比被認為較為親日的民進黨相關人士，也是除了少數的日本語世代人物，會說日本話的也很少。還有在戰後的蔣介石時代，研究日本文化和日本是個禁忌，整體上進行日本研究的環境並不存在。即使是現在的台灣，進行日本研究的大學也很少。若是說起研究日本，長久以來是以日本語學、日本文學、日本語教育學為重點，專注在人文科學社會科學範疇的並不盛行。從台灣到日本留學的人數逐年下降。還有，留學日本的學生要回到台灣工作的也很少，在這樣的狀況下，很難培養出和日本有政治關係的人才，更遑論是推動安全保障合作的人才。

擔憂這種現狀的日本人和台灣人強烈訴求訂定日本版的《台灣關係法》的必要性。例如美國根據《台灣關係法》，對台灣的安全保障負有責任，美台除了共同訓練以外，關於軍事安全保障的合作都在允許的範圍內。現役軍人也可以和美國進行高層的相互交流，美國在台灣處理實務機關的窗口是美國在台協會

（AIT、相對窗口是北美事務協調委員會），與美國在邦交國設置大使館發揮同等的機能。

關於這個問題，日本最近的動作是由安倍首相胞弟擔任外務副大臣的岸信夫，擔任自民黨的「促進日台經濟文化交流青年議員會」的會長，目標是策定強化和日本沒有邦交的台灣關係的法源依據，暫時先稱為《日本版　・台灣關係法》。這個動作挑動中國的敏感神經，中國外交部表明：「對於部分日本議員的企圖，我們斷然表示反對，要求日本方面慎重並且適切處理和台灣相關的問題。」[42]。預料在自民黨和日本國內親中派的牽動下，《日本版 ・台灣關係法》要通過依然存在很多障礙。

如在第二章所提及地，戰前及戰後台灣在地緣政治上的價值都沒有改變，日本和台灣的安全保障有深切的關聯。可是戰後的日本已經濟復興為優先考量，因此自中日建交之前以來都認為中國大陸市場有強大的魅力。即使在日本成為經濟強國，以及李登輝上台後日本的親台情感上揚以後，日本國內依然存在重視中國的奉承勢力。在此期間，中國繼續誇示強大的經濟力和軍事力，甚至成為和美國並稱的超級大國。

對過去日本統治台灣有很高評價，而抱有對日好感卻不好意思表達的台灣人，日本人很多不知道要感激台灣。幸運的是，相對於政治上的交流，日台民間交流日益進展，相互好感度也逐漸提高。將來要發展到更高層級的交流，日本人是必須要努力的。

《國富論》一書的作者亞當・史密斯說過，國家最優先的事情不是富有而是國防，這是古今中外不變的道理。可是日本人

---

[42] 人民網日語版，「外交部反對日本版《台灣關係法》。

卻不懂得這個道理，依然輕視主宰國家命運的安全保障，日本外交政策重心強烈傾向於比台灣經濟發展希望更大的中國。如果繼續這樣短視地和中國持續賺錢的執著，不久國家的生殺大權就會被人掌握，或者走上連做為日本人的驕傲都被剝奪的道路也不一定。如果不嚴肅面對這個冷酷的現實，將會對日本留下極大的禍根，這是極為嚴重的問題。今後對台灣的相處方法，如何策定以東亞地緣政治位置為思考的大戰略方針，這就是對日本人智慧和程度的試煉。

# 第六章　台灣與其他國家及國際機構的關係

## 一、台灣的經濟外交政策

### （一）「西進政策」與「南向政策」

隨著冷戰的結束，1990年代中國擴大改革開放政策，台灣的經濟關係也從原來以美日為中心的「東望」，改變成以傾向對中國經濟關係為中心的「西進」熱潮。其後，台灣更進入重視和中國關係的「西進政策」和向東協（The Association of Southeast Asian Nations, ASEAN）區域發展的「南向政策」等兩條線路之爭。

蔣經國總統在1987年7月公布《國家安全法》，接著通過《台灣地區解除戒嚴令》、《國家安全法實行細則》，開始台灣的民主化。接著，在1987年11月解除台灣地區同胞探視大陸親友的限制，中台之間的民間經濟交流變得熱絡。蔣經國總統在1988年1月突然去世，繼位的李登輝總統時代更是加速台灣的民主改革。另一方面，對於台灣企業的海外投資過度集中中國的「西進政策」抱持危機感，因此李登輝總統推出「南向政策」。

從1994年開始，李登輝的「南向政策」分為四個階段。亦即，第一階段（1994年—1996年）：為避免台灣經濟過度依賴中國，規劃台灣資本要和東協國家加強關係，台灣企業發展方向轉為向東南亞；第二階段（1997年—2002年）：由於1997年7月以泰國為中心發生亞洲金融風暴，台灣政府在此階段主導對東南亞的金融援助，可是儘管政府規制禁止，但台灣大企業的對中投資還是持續擴大；第三階段（2002年—2005年）：由於台灣在2002年加入WTO，此階段重視國家的經濟安全保障以及跟東協國家簽訂自由貿易協定（Free Trade Agreement，FTA），台灣政府察覺到對大陸的地下投資急速發展，因而放棄「戒急用忍」政策，朝向「積極開放，有效管理」的路線發展，讓對中投資的審查簡略化；第四個階段（2006年—2008年），陳水扁總統著眼於印尼、印度等擁有廣大市場的國家，只是兩岸政策從「積極開放，有效管理」轉換成「積極管理，有效開放」的路線，表明在積極管理下進行有效開放的同時，要考慮維持「主權、民主、和平、對等」四大原則。

### （二）「先易後難」的方針

2008年5月馬英九政權上台，7月發表對中國的16字箴言「正視現實、建立互信、擱置爭議、共創雙贏」。也就是說，馬總統的對中經濟外交政策首先從經濟協議著手，至於糾纏主權問題的政治協議則延後處理，即所謂「先易後難」的方針。換言之，馬總統政權的經濟貿易戰略是以西進政策和南向政策兩條路線同時進行，達到相乘效果為目標。然而，從下面圖表來分析，馬總統的經濟貿易戰略並沒有成功，不但招致台灣經濟衰退，甚至將會被中國吞沒。

2013年11月14日，西非的甘比亞和台灣斷交。甘比亞在斷交國書中指出，表明對最近中台關係發展，2013年6月簽訂《海峽兩岸服務貿易協議（服貿協議STA）》擔憂，認為這是破壞台灣經濟基礎，大量中國人民得以進入台灣，和平取得台灣的協定。

所謂《服貿協議》就是貨物以外的所有貿易為對象，包括金融、電子通信、流通業、運輸業、建設、教育、觀光等等廣泛的範圍。2014年3月，馬政府準備強行批准《服貿協議》，結果發展成學生佔據立法院的「太陽花運動」背景。

**台灣貿易輸出前十位國家及其他國家地區的演變（1997-2013）**

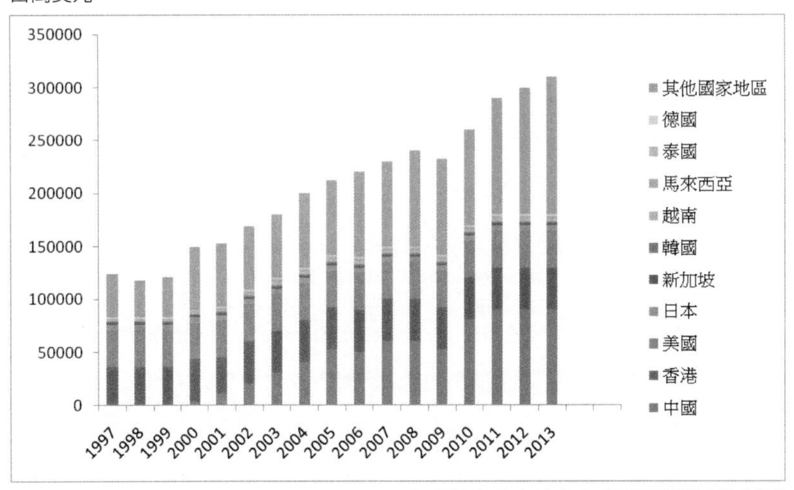


台灣行政院主計處商業貿易國際貿易統計

## （三）「外交休戰」政策的轉換

2008年馬總統上任，提倡改變已經濟援助做為武器和中國外交競爭的「外交戰爭」政策，轉換成「外交休兵」政策。「外交休兵」政策的背景是：（1）陳水扁總統以台灣名義申請加入聯合國的行動失敗；（2）停止所謂的「支票外交」；（3）就任後馬上訪問巴拉圭和多明尼加兩國而成功維持住外交關係；（4）

馬總統強烈認為海峽兩岸在國際組織方面有必要相互合作。

2009年3月，馬總統對「外交休兵」政策取代中台對立路線做出說明，馬總統就任後短短幾個月時間就再度改善和美國的關係，並且強調和中國之間的「三通（通商、通郵、通航）」就是「外交休兵」政策的效果展現。可是中國方面卻和馬總統的思維不一樣，2013年再度轉換成外交戰爭政策。2013年3月14日，中國祝賀羅馬教廷教宗方濟各一世的就任，希望改善梵蒂岡和中國的關係，強迫梵蒂岡承認台灣是中國不可分割國土的一部分，和台灣斷絕外交關係，同時不准假藉宗教業務之名干涉中國內政。之後，由於中國政府希望拉攏和台灣的經濟關係，擔心外交競爭可能會引起中台關係的變化，因而暫時停止外交戰爭。

馬英就總統為穩住對中國存在感日益增加的非洲關係，為非洲國家的「脫離台灣」踩剎車，於2014年1月23日開始到30日，展開以農業、醫療、教育、觀光等範圍的合作規劃為發展的「聖宏專案」，出國訪問非洲的聖多美普林西比和布吉納法索，以及中南美洲的宏都拉斯等三國。此次他特別表達計畫提供太陽能發電範圍的新合作模式，在世界趨勢發展上能夠進一步加深雙方關係。馬英九總統的外交路線，從2008年「外交休兵」政策路線，再度改變成「經濟援助」路線。

## 二、台灣和聯合國專門機構

### （一）國際組織的參與問題

台灣目前在聯合國沒有席次，近年來在美國、歐盟等友好國家的支持下，推動參與聯合國的專門機構。2009年5月，台灣以觀察員身分參與第62屆世界衛生大會（World Health Assembly，WHA），往後每年都參與在日內瓦召開的這項大會，到2013年5月的第66屆WHA年會，甚至第一次以觀察員身分發表演說。台灣在演說中闡述雖然受到限制無法參加世界衛生組織（World Health Organization，WHO），但對於WHO在防堵世界性流感的努力上表示持續支持的立場，並且呼籲各國能夠支持台灣以有尊嚴、有意義的「WHA模式」參加WHO相關會議、組織及出席活動。除此之外，台灣在2013年9月以「特邀貴賓」身分參加國際民航組織（International Civil Aviation Organization，ICAO），還有台灣也在歐洲議會及友好國家的支持下，很有可能可以參加《聯合國氣候變化綱要公約》組織（United Nations Framework Convention on Climate Change，UNFCCC）。

## （二）世界衛生組織的參與

台灣對WHO提出以「台灣衛生實體」名義做為觀察員參加WHO的年度大會，要求在WHO相關會議能夠「有意義的參加」，儘管獲得美國和日本等國的支持，但在中國的強大壓力下，還是無法實現願望。陳水扁總統在2007年4月以「台灣」名義申請正式入會，可是WHO執行委員會在4月25日以台灣並非主權國家，沒有資格參加WHO為理由加以拒絕。

另外，陳水扁總統在2007年7月以「台灣」名義向聯合國秘書長潘基文提出書面申請加入聯合國，可是該申請書以聯合國第2758號決議關於中國代表權的理由被退回。接著，在2008年3月的總統選舉中，陳水扁總統合併舉行台灣加入聯合國的公民投票，但以投票率不到50%的門檻沒有通過，而且國民黨的馬英九當選總統。

馬英九政權下的台灣，在友好國家的支持下，參與聯合國專門機構有所進展。當選後的馬英九表明希望台灣參與聯合國專門機構做為外交政策之一，並在各種理由當中以安全保障的理由，認為台灣參與國際組織對於亞太地區的和平與合作有加分效果，而且台灣的參與能夠減輕亞太地區的衝突，進一步促進地區的安定繁榮。

2008年9月的第63屆聯合國大會中，馬政權透過17個邦交國向聯合國遞交提案，呼籲聯合國「有必要考慮審查中華民國2,300萬人有意義參與聯合國專門機構的基本權利」。在中國的否決下，這個提案沒有排入聯合國大會的議程，可是在9月23日召開的聯合國大會一般辯論中，計有帛琉、吐瓦魯、馬紹爾群島、所羅門群島、吉里巴斯、諾魯、聖文森及格瑞納丁群島、薩爾瓦多、聖克里斯多福和尼維斯、聖露西亞、布吉納法索、史瓦濟蘭、甘比亞、貝里斯等14個邦交國表明支持台灣加入聯合國。同時，美國和歐盟也表示支持台灣加入聯合國專門機構。

在這一連串事件之後，WHO秘書長在2009年4月對台灣發出以觀察員身分參加WHO年度大會的邀請函。如此一來，台灣得以在2009年5月第62屆WHO年度大會上以地區名義「中華台北」代表出席，並在WHO年會一般討論中發表演說。此後，台灣每年都以觀察員身分參加WHO年會。

### （三）國際民航組織的特邀貴賓

2010年10月10日，歐洲議會大會通過強力支持台灣以觀察員身分參加ICAO及聯合國UNFCCC等相關國際組織，認為台灣參加活動是對歐盟及世界全體利益的重要事情。

2010年9月的聯合國大會一般討論上，史瓦濟蘭、吉里巴斯、馬紹爾群島、諾魯、帛琉、巴拿馬、聖克里斯多福和尼維斯、貝里斯、甘比亞、宏都拉斯、尼加拉瓜、聖多美・普林西比、所羅門群島、布吉納法索、瓜地馬拉、聖文森及格瑞那丁群島以及吐瓦魯等19個友好國家，高度評價台灣投入兩岸和平和繁榮的努力和貢獻，發言要求讓台灣參加聯合國專門機構，特別是ICAO及UNFCCC。

美國眾議院及歐洲議會議員紛紛支持台灣成為ICAO的觀察員，於是台灣在2013年9月以特邀貴賓身分出席參加加拿大蒙特婁舉行的ICAO年度大會，台灣原本是希望可以用WHO相同模式的觀察員身分參加，可是受限於ICAO參加規定是「限定國家及國際機構」，變成以特邀貴賓來處理。雖是以特邀貴賓身分參加，但也變成台灣要參加的下個目標——UNFCCC重要的第一步。

### （四）申請加入國際海事組織

2008年8月，台灣友邦在聯合國第63屆大會提出「有必要考慮審查中華民國2,300萬人有意義參與聯合國專門機構的基本權利」為題的提案，當中「台灣有必要參與的組織」包括像是WHO，ICAO，國際海事組織（International Maritime Organization，IMO）等。今後，台灣下一個參加的目標就是IMO，而其出發點來自於安全保障的觀念。

IMO是聯合國專門機構，專門負責促進國際間改善船隻在海上安全和防止海洋污染等相關海洋問題方面合作的一個組織，加入國際海事組織是對付恐怖行為及海盜，防止經由海上運輸管道走私偷渡的一個重要課題。參加IMO是在國際航海安全上有必要的，也是處理這些問題的積極方法。另外，IMO對索馬利亞海岸及亞丁灣的海盜行為對策也很早就進行處理，一直對聯合國安理會進行強力的遊說，終於在2008年讓安理會通過敦促會員國採取海盜對策的第1816號決議。2009年在非洲吉布地召開索馬利亞周邊海域海盜對策會議，參加國通過「關於西印度洋及亞丁灣地區海盜及武裝強盜遏止行動指針」（吉布地行動指針）。

台灣政府申請加入IMO的理由說明如下：台灣是世界第十位的海運國，卻不能參加國際海事組織，也不能出席相關會議，除了不能得到最新的情報，連管轄海運的台灣行政機關發給的船員證都時常被懷疑真偽，使國際性海上運輸逐漸移轉到其他國家，對於台灣海運業的發展十分不利。

將來台灣如果也以觀察員身分加入IMO，也會得到美國、歐盟等友好國家甚至澳洲的支持。台灣如果可以參加IMO的話，對於確保台灣以及周邊海域的海上安全運輸會有極大的貢獻。

這樣台灣得到美國及歐洲等友好國家的支持，擴大對聯合國專門機構的參與，以實質參加聯合國的活動為目標，朝著這個道路踏實的前進。

## 三、和周邊國家的外交經貿關係

### （一）外交經貿環境的現狀

在亞太地區承認台灣的國家有大洋洲的所羅門群島、吐瓦魯、馬紹爾、帛琉、吉里巴斯、諾魯等六個國家，可是台灣近年來在亞太地區與無邦交國的實質經濟外交關係卻很密切。順帶一提的是，台灣和中國在1995年12月同時申請加入世界貿易組織（World Trade Organization, WTO），在中國入會後一個月的2002年1月，台灣也獲准加入該組織。

台灣在加入WTO之後，根據WTO規定兩國間簽訂協定的意願很強，可是中國對台灣交涉的對手國施加壓力，妨礙自由貿易協定（Free Trade Agreement，FTA）的簽訂和談判。因此台灣一直無法與其他國家簽訂FTA，最後只有和紐西蘭、新加坡兩國完成FTA的簽訂，以此為契機準備進一步增加簽約國。

FTA的簽訂，對經濟上日益被中國吞噬的台灣而言，在政治意義上是打開出路的重要手段。台灣參與多國間、地區間或者兩國間經濟協定的簽訂，是做為對國際間威脅的因應對策，因此FTA談判的進展變成政府的優先事項。台灣期盼實現經濟外交的可能性高，將是最大的安全保障政策。

2000年3月，陳水扁總統上台後，貿易額順利擴大，但到2008年3月馬英九政權上台後，貿易總額反而停頓，2008年9月的雷曼風暴使得貿易總額反而減少。2011年景氣雖一度回升，但到馬政權的第二任依然持續低迷。然而，對東協（ASEAN）、大洋洲、印度、俄羅斯的貿易雖在2001年一度減少，但之後就順利擴大，特別是和東協方面更為顯著。

### （二）和ASEAN的外交經貿關係

2000年時，台灣和東協十國的貿易總額約有392.6億美元，但到2013年卻成長2.3倍擴大到913.8億美元。出口數額從2000年的189.5億美元擴大3.1倍，到2013年是587.7億美元。進口數額從2000年的203.1億美元擴大到2013年的326.1億美元，成長約

1.6倍。對ASEAN的貿易出超大幅成長為262億美元，2013年對ASEAN佔台灣貿易總額15.9%，其中出口佔19.2%，進口佔12.1%，是對台灣經濟相當重要的一部分。在ASEAN當中，台灣出口排名的前六國是印尼、馬來西亞、菲律賓、新加坡、泰國和越南，出口總額2013年佔台灣對ASEAN全體的98.5%。

ASEAN當中，第一位是新加坡，出口額從2000年的56.37億美元，到2013年成長3.46倍的195.2億美元。這個數額佔2013年對ASEAN全體的37%，其次是菲律賓的97.7億美元、越南的89.3億美元、馬來西亞的81.8億美元、泰國的63.4億美元、印尼的51.5億美元。特別是越南，2000年是16.8億美元，到2013年成長5.3倍達89.3億美元，並且正在持續擴大。另外，對柬埔寨的出口還是小規模，2000年約1.97億美元，但是2013年擴大到6.67億美元，成長3.4倍，是個深具潛力的市場。

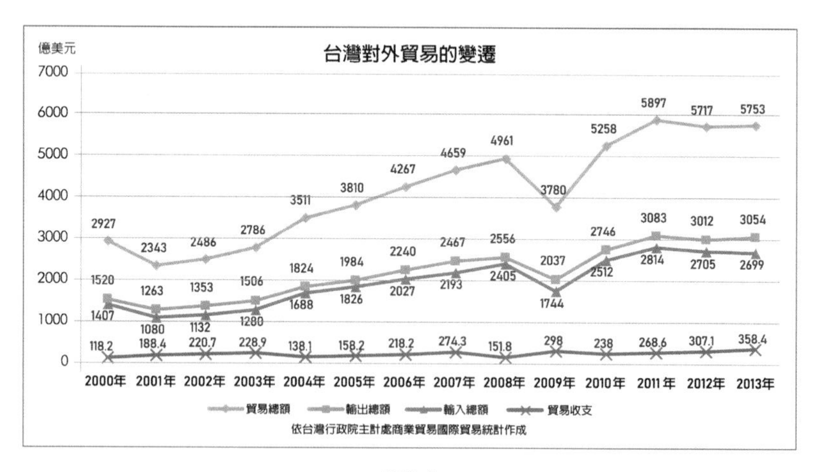


（圖6）

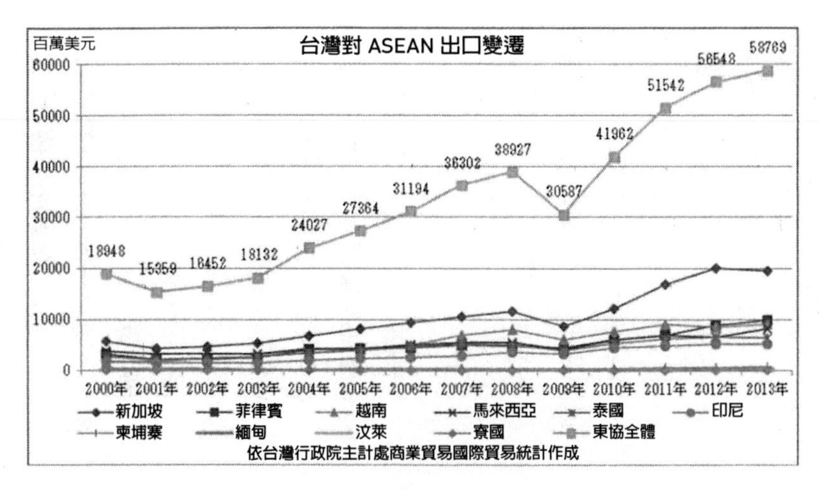


（圖7）

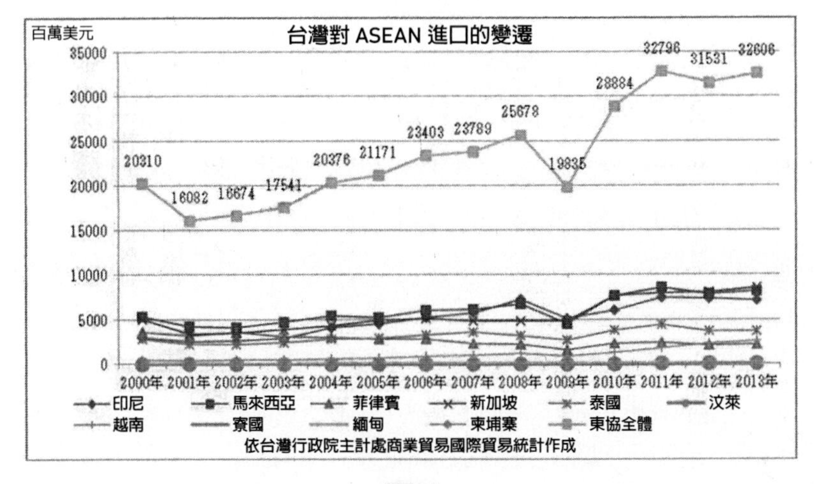


（圖8）

另一方面，在加深經濟關係的同時，對於台灣實質掌控的太平島和中洲礁，中國、菲律賓、越南都主張領有主權。台灣在太平島駐有一百多名海巡署警備隊員，目的是保護漁場及急難搜救。島上還有1150公尺的空軍軍用跑道，並且在2013年宣布興建新的碼頭。

台灣嚴守2002年東協與中國共同發表的「南海各方行為宣言（Declaration on the Conduct of Parties in the South China Sea，DoC）」原則。該原則的第一是以和平解決主權紛爭為目標，各方保持自我克制；第二是軍事上相互交流及實行環境調查的合作關係，提高相互信賴程度。其後，為讓DOC的發展及制定具有約束力的行動規範，各國持續召開會議，但始終因為各方行為規範的差異，迄今還無法達成共識。

2012年9月，台灣前副總統連戰出席亞洲太平洋經濟合作會議（簡稱亞太經合會；Asia-Pacific Economic Cooperation，APEC），在會場上表示建議與會各國就南海主權問題進行雙方會談，各國早日制定行動規範，並且強調「台灣必須是談判成員之一」以及台灣參加的必要性。同時，馬英九總統在2012年10月發表「東海和平倡議」，主張此點也可以將南海做為適用對象。

可是2013年5月9日，台灣的捕鮪魚漁船廣大興28號受到菲律賓海洋監視船炮擊，造成船長死亡。事發現場靠近菲律賓的海域，超過台灣護漁的南面界線，菲律賓主張台灣漁船違法作業，菲律賓是因為台灣漁船企圖衝撞逃走才不得以開砲，因此拒絕道歉。

馬總統剛開始拒絕派遣軍隊，但5月16日在海巡署及海空軍出動的情況下，要求菲律賓道歉並簽訂漁業協定。其後，菲律賓方面道歉，並且同意台灣方面的司法調查，並展開漁業談判。台灣方面此後將海巡署及海空軍的護漁行動變成常態化，台灣漁船可以在菲律賓專屬經濟區作業而不受取締。這個問題應該對台灣在ASEAN第二大出口國菲律賓的貿易及兩國間經濟協定談判帶來影響。因此ASEAN各國對馬總統的信賴程度降低，甚至有可能將台灣視為軍事性的威脅。

## 四、多國間的國際經濟架構

### （一）亞太地區的經濟架構

在亞太地區的經濟架構有東南亞國協（ASEAN）、東協10+3、東協10+6、東亞領袖會議（EAS）、亞洲太平洋經濟合作會議（APEC）、亞太地區論壇（ARF）、亞歐會議（Asia-Europe Meeting，ASEM）等組織。

在這些組織當中，ASEAN特別是出口額的前六個國家，經濟成長率都高達6%，掌握台灣經濟和依賴此點的安全保障靠未來的命運。目前有新加坡、紐西蘭、智利、美國、澳洲、祕魯、越南、馬來西亞、墨西哥、加拿大、日本等12個國家進行亞太地區經濟自由化的跨太平洋戰略經濟夥伴關係協議（The Trans-Pacific Partnership，TPP）的談判。

包括東亞地區的區域全面經濟夥伴關係（Regional Comprehensive Economic Partnership，RCEP）是東協10國在2011年11月所提倡，邀請日本、中國、韓國、印度、澳洲、紐西蘭等六國，以現有5個自由貿易協定（FTA）為基礎建立的經濟合作關係。2012年8月，ASEAN+FTA合作夥伴的16國首次召開經濟部長會議，確認關於物品貿易、服務貿易、投資自由化的檢討的進展，同時通過RCEP談判之目的和原則的「RCEP談判的指導原則和目標」。RCEP包含貨物貿易、服務貿易、投資、經濟及技術合作、智慧財產權、競爭、解決紛爭以及其他事項。RCEP的談判從2013年初開始，目標是在2015年完成。2012年11月的ASEAN相關領袖會議正式啟動RCEP的談判。RCEP如果成立的話，對於孤立的台灣來說，是極為重大的事情。

這些重疊的組織架構中，台灣是在1991年和中國、中國香港同時參加APEC。APEC是1989年由澳洲總理霍克所倡議，為求亞太地區持續發展經濟和地區合作而召開，同年第一次APEC部長級會議在坎培拉舉行。1993年開始由美國主導的APEC領袖級會議。1994年在印尼茂物召開的APEC領袖會議上決定，已開發國家在2010年前、開發中國家在2020年前，實現亞太地區自由與開放的貿易及投資，此點被稱為「茂物目標」。

為達成該目標，各國討論出APEC基本理念的三大支柱：（1）貿易和投資的自由化；（2）商業便利化；（3）經濟技術合作。然而，APEC雖是非官方的會議，但卻拒絕台灣政府參加，台灣政府希望在APEC會議達成與中國的領袖會談，也都無法實現。也就是說，要求所有參加國家都用WTO相同條件的組織會被敬而遠之，但由於所謂非正式會議的缺點，使得APEC的作用降低功能，近年來各國都紛紛朝FTA談判方面努力。

另一方面，在WTO的架構當中，WTO多邊服務貿易協定（Trade in Service Agreement，TiSA）的談判正在進行。參加TiSA的地區或國家有台灣、日本、美國、歐盟、加拿大、澳洲、韓國、香港、巴基斯坦、紐西蘭、以色列、土耳其、墨西哥、智利、哥倫比亞、祕魯、哥斯大黎加、巴拿馬、巴拉圭、挪威、瑞士、冰島等22個地區或國家（連同歐盟各國在內共有48個國家）。2013年6月的會議加入列支敦士登。參加TiSA談判的地區或國家於2013年6月28日在瑞士日內瓦舉行的TISA第五回合談判中，確認取得若干共識與進展，並且進入實質談判的階段，表示儘可能早日完成目標。這個談判交涉並沒有中國參加，對台灣來說是連結世界層級組織的絕佳機會。

## （二）推動兩國間的經濟合作協定

台灣政府在2002年1月加入WTO時，就宣示拉開新時代貿易關係的序幕。然後，就以瓜地馬拉、白俄羅斯、柬埔寨、老撾、俄羅斯、沙烏地阿拉伯、烏克蘭、巴拿馬、紐西蘭、新加坡為締結FTA的對象國做為目標，和紐西蘭的談判起初是以失敗收場，但與其他國家之間的FTA談判則陸續進展。

台灣巴拿馬間的FTA在2004年1月1日生效，台灣瓜地馬拉間的FTA在2006年7月1日生效，還有瓜地馬拉等六個中美洲國家，已經和美國簽訂中美洲自由貿易協定（U.S-Dominican Republic-Central America Free Trade Agreement，DR-CAFTA），因此台灣可以利用和瓜地馬拉的FTA來開拓美國市場。台灣尼加拉瓜間的FTA在2008年3月1日生效，台灣和薩爾瓦多間的FTA在2008年3月1日生效，台灣和宏都拉斯間的FTA在2008年7月15日生效，台灣和多明尼加間的FTA在2006年開始進行談判交涉，到2013年2月為止尚未簽約，台灣是和有邦交的薩爾瓦多、瓜地馬拉、宏都拉斯、尼加拉瓜、巴拿馬等國簽定貿易協定。

2010年6月29日，台灣簽訂兩岸經濟合作架構協議（Economic Cooperation Framework Agreement，ECFA），原本想要透過東協——中國自由貿易區（ASEAN-China Free Trade Area，ACFTA），間接獲得東協的利益，但是並沒有效果。另一方面，台灣和各國持續穩定交涉，最後終於和紐西蘭以及新加坡等非邦交國相繼簽訂貿易協定。2013年7月，台灣和紐西蘭簽訂《台紐經濟合作協定（紐西蘭與台澎金馬個別關稅領域經濟合作協定，Agreement between New Zealand and the Separate Customs Territory of Taiwan, Penghu, Kinmen, and Matsu on Economic Cooperation，ANZTEC）》，2013年12月開始生效。台灣成為紐西蘭第12大貿易夥伴，雙方貿易額達12.07億美元。

另外，台灣和新坡在2013年11月簽署《台星經濟合作協定（新加坡與臺灣、澎湖、金門及馬祖個別關稅領域經濟夥伴協定）（Agreement between Singapore and the Separate Customs Territory of Taiwan, Penghu, Kinmen and Matsu on Economic Partnership，ASTEP）》，新加坡是首次和台灣簽署經濟合作協定，成為東南亞主要的貿易夥伴國。

同時，新加坡也是TPP及RCEP的會員國，經濟開放程度相當高，並且參加地區性經濟統合的經驗相當豐富。新加坡也是TPP的創始會員國，ASTEP的生效，將給台灣和新加坡兩國帶來更深一層的經濟利益。還有兩國的經濟貿易合作以及促進投資，可以提升台灣的貿易自由化及國際化的層級，也會增加台灣經濟實力以及國家競爭力，也能創造台灣尋求加入TPP及RCEP的有利條件。

台灣政府堅持多邊的接觸和一國一國簽署的原則，和其他國家簽訂兩國經濟合作協定。因此努力排除在台灣國內企業的市場障礙，最後加入TPP及地區全體經濟夥伴的組織，台灣參加地區經濟統合的潮流，進一步打開廣大的國際經濟貿易空間。

與紐西蘭和新加坡的經濟合作協定的簽署，象徵著台灣「加入亞太地區的地區經濟統合進而連結世界的政策目標」，踏出重要的一步。台灣已經準備好加入國際社會，希望和其他貿易夥伴簽訂同樣的協定，以這種和非邦交國簽訂FTA的契機，今後會和澳洲、東協各國、印度等國進行FTA談判。

## （三）推進自由貿易協定

2013年6月21日，台灣海基會和中國在上海進行高層會談，並且簽署「服務貿易協定」。該協定是馬英九政權上台以來和中國簽訂的第19個協定。馬總統表示「服務貿易協定」是三年前兩岸簽訂ECFA的延伸，其所涵蓋的範圍更為廣泛，可以讓台灣的服務業在中國大陸保持優勢的競爭力。

2013年12月12日，台灣中央大學教授朱雲鵬出席台灣中華經濟研究院主辦的經濟論壇表示：「去年韓國利用現有FTA的出口覆蓋率達到36.5%，大幅超越台灣的6.3%」，並且分析「如果韓國和中國簽訂FTA的話，這個比例將會是台灣的10倍，對台灣經濟是很大的打擊」。朱教授表示「台灣和韓國的出口產業有半數以上是重疊的，韓國和其他國家簽署FTA將給台灣帶來很大的影響」，並且支持馬英九政權的政策。

但是台灣和中國簽訂ECFA之後，任何企圖實現和ASEAN簽訂FTA，都受到中國的阻撓。因此，台灣先和在ASEAN當中沒有主權糾紛問題的國家個別簽訂FTA，最終以和全體ASEAN國家簽署FTA為目標，同時有必要跟已和ASEAN簽訂FTA的澳洲、印度、日本、韓國簽訂FTA，採取雙管齊下的方法。但是韓國和台灣是競爭對手，說不定中韓的親密度還比較高。在任何情況下，要和非邦交國簽訂FTA是困難的，要和亞太地區的各國構築兩國間合作關係，是台灣今後重要的課題。

## 五、未來的安全保障

### （一）在亞太地區的安全保障架構

關於台灣未來的安全保障，要和美國以外的國家締結正式的軍事協定，在現實上是很困難的。因此，台灣要如同前述的加強經濟連結，讓貿易對手國為了經濟的安定發展，而深刻認知道台灣的存在是極為重要。以這個經濟關係做為核心，擴大參加聯合國專門機構的觀察員，再尋求升格成為正式的會員國，這在台灣強化國際地位方面是很重要的事。

因此，台灣實在有必要以觀察員身分參加美國、日本甚至澳洲為中心的安全保障組織架構，特別是近年來中國大規模增強海空軍戰力，在東海、南海明目張膽地顯示實力和武力恫嚇，目標是成為西太平洋統治的霸權國家，正在對亞太地區各國形成威脅。這個現實告訴我們，今後不能只迷惑在經濟上的利益，沒有看清中國危險的本質，這是亞太各國最大的責任。

另外，中國在經濟力快速發展的同時，也達到增強軍事力量的目標，「韜光養晦」的階段已經結束，再來是要「有所做為」的時候。中國利用經濟力和軍事力，建立配合中國的新國際秩序架構的目標，這個動作讓周邊國家對中國產生不信任感和增強警戒心。面對這樣緊迫的情勢，對台灣來說是個大好機會。周邊各國開始認知道台灣的戰略重要性，對台灣加入國際組織和簽訂FTA的推動，可以見到曙光。台灣有必要好好利用這個機會，捨棄對中國的幻想，和越南、菲律賓進行解決主權爭議的妥協，構築台灣友好的國際安全保障環境架構。

美日安保體制是在亞洲太平洋地區的安全保障組織架構之一，以美國為中心連繫台灣的安全保障關係。如何提升這個架構的實質功效是美日兩國重要的課題，關於美日安保體制的詳細記載已經再第三章討論過，本節就省略不談。

對台灣正式的安全保障架構，是在1979年4月通過的美國《台灣關係法》，訂定美國提供台灣防禦性武器及行使武力保障台灣安全，實質來看就是美台軍事同盟。可是近年來中國快速擴大海空軍規模，企圖發展東海、南海、西太平洋甚至印度洋的軍事勢力，毫不猶豫地對周邊各國進行示威行動般的武力展示。

對中國這樣的行動，亞太各國強烈感到不安和威脅，為對應中國的行為，各國開始落實以前的安全保障組織架構，並且重視建立新的對中安全保障組織。這個狀況提高對於台灣戰略重要性的認識，對中安全保障組織架構，間接貢獻台灣的安全保障。這些組織架構有《美日安保條約》、《太平洋安全保障條約（Australia, New Zealand, United States Security Treaty，ANZUS）》、美日澳三邊戰略對話（Trilateral Strategic Dialogue，Australia, US, Japan，TSD）、美日澳印四國戰略對話（Quadrilateral Strategic Dialogue，US, Japan, Australia, India，QSD）、《五國防衛合約（Five Power Defense Arrangements，England, New Zealand, Australia, Malaysia, Singapore，FPDA）》等，這些組織架構組成的核心是太平洋安全保障的主要成員國——美國、日本和澳洲。也就是說，以這三個國家的堅定同盟關係為中心，保持這些安全保障組織的各國和台灣間接的安全保障關係，雖然是非正式的關係，但也有必要努力設法加強。

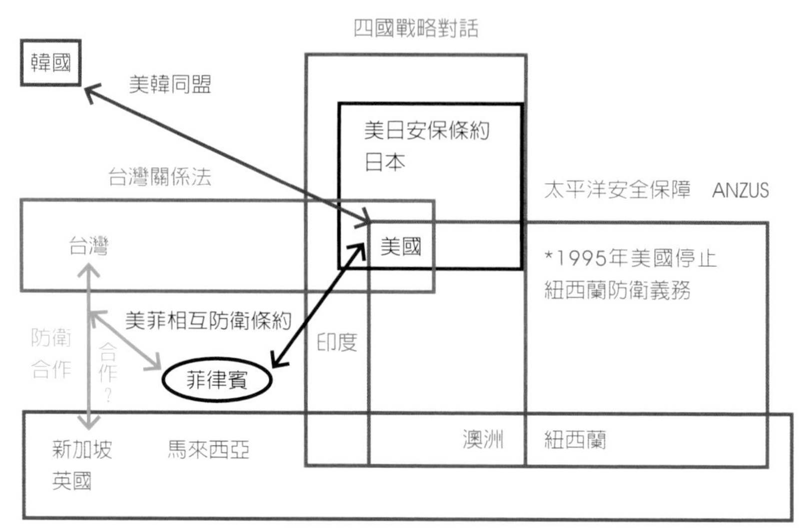


（圖9）

## （二）台灣與新加坡、菲律賓的軍事合作關係

近年來，台灣和美國、新加坡等盟國的安全保障關係密切。新加坡空軍使用美國戰鬥機的裝備，1990年更是簽訂美軍使用新加坡國內軍事設施的備忘錄。新加坡也以「安全合作參與國（Security Cooperation Participation）」的身分，參與美國的F-35戰鬥機最低層級的開發計畫，並且確保可以優先採購。2011年6月，當時的美國國防部長蓋茲宣布美國將部署最大等級的四艘濱海戰鬥艦（Littoral Combat Ship，LCS）到新加坡。2013年4月，自由號濱海戰鬥艦抵達新加坡樟宜海軍基地，美國展開第一輪的巡弋計畫。

自從1975年以來，新加坡一直持續和台灣有所謂「星光計畫」（Starlight training Program）的合作關係。這是因為新加坡的國土狹小，當時的李光耀總理和蔣經國總統之間，決定在台灣國內進行包括共同訓練的陸軍部隊訓練。現在至少還有三個訓練基地在台灣。和台灣一向對立的中國，在2004年向新加坡表示可以提供海南島的訓練設施給新加坡軍隊使用，但是新加坡不為所動。

近年來，新加坡也得到來自美國、法國、澳洲、汶萊、泰國的軍事合作，可是和台灣的「星光計畫」持續擴大，戰車部隊和防砲部隊的共同演習，兩國間的海軍艦艇也進行相互訪問。

據報導，台灣和新加坡之間還存在不為人知的「敦邦計畫」，在台灣發生事情的時候，新加坡會協助防衛。另一方面，2003年8月李光耀總理要求中國要在武力侵台的兩個星期之前通知新加坡政府，讓新加坡軍隊能夠從台灣撤出，這個訊息顯示至少新加坡和中國之間還存在情報傳遞管道。

另外，台灣和菲律賓之間也存在兩國的「軍事合作關係」，但從2013年5月的「廣大興號槍擊事件」後，可以推斷可能不再發揮實質功能，可是隨著2014年4月美菲新軍事協定的簽訂，可能給台菲關係帶來改善。

### （三）PSI的國際安全保障合作

防止擴散安全倡議（Proliferation Security Initiative，PSI）是指禁阻大規模毀滅武器與相關設備與技術的海陸空運輸與擴散。PSI活動實施的成果是：（1）加強各國阻止大規模毀滅武器擴散的能力；（2）強化各國的執法機關、軍事防衛、情報機關的互相合作；（3）提升PSI非參加國加深對PSI的理解。參加各國的互相合作是PSI的關鍵，擴大參加國合作範圍，對防止大規模毀滅武器的擴散，是重要的認知。PSI參加國對非參加國展開極力遊說，到現在有101個國家參加，對PSI表示支持。

| 防止擴散安全倡議（Proliferation Security Initiative） |
|---|
| 防止擴散安全倡議（Proliferation Security Initiative）是為阻止對威脅國際社會和平和安定的大規模毀滅武器、彈道飛彈以及相關連物資的擴散，在國際法、各國國內法的範圍內，各參加國共同討論實施阻止其移轉及運輸。以往各國在自己國家的領域內實施國內管理和運輸，但在PSI的規範之下，大規模毀滅武器的擴散在自己國家領域內是不受限制，阻止超過自己國家的領域範圍到其他國家。還有在國內的執法機關、軍事防衛、情報機關的互相合作也受到重視，這項防止活動的原則總結成「阻止原則宣言（Statement of Interdiction principles）」，是PSI的活動指導方針。 |

2003年8月10日，有艘過境北韓貨船到高雄港補給燃料，台灣收到美國的請求，扣押船上的導彈燃料相關化學物質158桶，這是對台灣推展的成功案例。還有對亞洲各國推廣的案例之一，2014年2月日本財團法人安全保障貿易情報中心（Center for Information on Security Trade Contro，CISTEC）主辦，經濟產業省及外務省協辦的第21屆「亞洲出口管制研討會」，參加成員是亞洲的15個國家地區（台灣也包含其中）、11個合作國家、9個合作機關、4個國際出口管制組織。「亞洲出口管制研討會」是自1993年開始，以亞洲各國或地區的出口管制單位負責人為對象，對亞洲的不擴散・出口管制有高度共識。隨著出口管制能力的強化，達到亞洲地區及國際性的不擴散方法為目的。

中興大學國際政治研究所的蔡明彥和葉宸羽表示：「PSI本身沒有超越國際行動，不是「國際組織」，沒有主權國家的國籍問題，沒有拒絕台灣加入PSI的理由。今後如果台灣能夠跟東亞民主主義結合，連結PSI合作空間的最大化，透過兩國甚至多國間的合作，可以達到在海上巡邏及港灣檢查合作的目的。」。由於中國並未加入PSI，沒有中國的阻撓，台灣要加入PSI的可能性相當高。台灣積極參加PSI的活動，可以得到很多國家的支持，同時也期待經由阻止訓練的參加，可以提升台灣軍隊的能力。

### （四）ARF的安全保障對話

先前討論過ARF是在亞太地區關於政治安全保障問題方面唯一的政府間論壇。ARF是政府間的論壇，所以有中國的阻礙，台灣要參加這個論壇，困難度相當高。但是為了關於南海的問題及安定化，這個論壇的參加成員國一致支持台灣以觀察員身分參加。

還有最近以智庫形態主辦的安全保障對話相當盛行。2011年10月17日，受到台灣外交部的邀請，兩位美國眾議院議員和兩位日本參議員出席「美日台三邊安全保障對話研討會」，與台灣立法委員及研究安全保障問題的台美日專家共同交換意見。這個研討會是由台灣高等政策研究院及美國華盛頓智庫「2049計畫」所共同主辦。台灣外交部表示：「這次研討會對台美日三國構築意見交換的平台有加分效果。關於這點，台灣是極為重視。」。此次研討會針對「台美日合作夥伴關係」、「亞太地區安全保障情勢」、「美國在亞太地區安全保障戰略」、「今後亞太地區的合作方案」等4個議題進行意見交換。

另外，台灣高等政策研究院、美國企業研究院（American Enterprise Institute；AEI）及日本的東京財團，在2013年10月15日收到台灣外交部的委託，在台北舉行第三次「2013年台美日三邊安全保障對話」研討會。邀請一位美國眾議院議員，一位日本眾議院議員及兩位台灣的立法委員，進行「台日美三邊國會議員對話」，同時也邀請台灣、美國、日本、澳洲、印度等五國的研究學者共計18人，討論關於安全保障問題。

這個第三次的研討會，議題內容擴大到包括傳統的及非傳統的安全保障範圍，分為「台日美三邊國會議員對話」、「在東亞地區的安全保障問題」、「亞洲能源安全保障」、「地區經濟統合一合作還是競爭」等四個會議。台美日研究學者陸續發表論文，這種型態的台美日安全保障對話，今後應繼續並且擴大參加的國家。另外，非正式的安全保障對話研討會也可能舉行，對台灣來說是很重要的管道。

# 第七章　日本的安全保障與台灣
## ——日本及台灣是命運共同體

## 一、從安全保障看日本與台灣

### （一）中國擴張的實態

如同本書第三章的詳細介紹，我們在思考台灣及日本的安全保障問題時，有必要再確認中國擴張的實態。

中國的國防白皮書強調，中國正走在和平發展之路，對內以實現社會主義的和諧社會，對外則實現和平共存的和諧社會為目標。同時，中國利用各種機會表示，無論如何發展都永遠不會倡導霸權或進行擴軍，中國的軍事戰略是防禦性軍事戰略等。另一方面，中國也批判美國是「使用武力，將自身政治利益及意識形態，強加於其他主權國家」的霸權國家。中國主張「中國從未派軍隊到其他國家，強迫其接受中國的意見，也從未從其他國家搶奪領土」，因此主張「中國不會像美國一樣強化軍事力，在世界各國提倡霸權」。然而，中國的說法明顯不符事實。

2013年3月就任國家主席的習近平聲稱：「要實現中華民族偉大復興的中國夢」，並闡述「中華民族復興之夢就是強國的夢，也是強軍的夢」。之後，中國政府更將2013年定為海洋強國元年，宣誓保護包括增加海洋權益在內的中國國家利益，成為人民解放軍的歷史新任務。「人民解放軍基於以勝仗為軍事目標，必須保護國家主權、安全及發展的利益」。同時，2013年6月在美國舉行的歐習會上，習主席說：「太平洋有足夠空間容納中美兩個大國」，表示中美應該推動新型大國關係。

觀察近來的動向，中國政府將新疆、西藏、台灣當做不可讓步的核心利益。為了確保核心利益，不放棄行使武力。除此之外，它們也將南海及釣魚台列島當做是核心利益，意圖擴大管轄地區及海域。近年來，中國在東海設置防空識別區，在南海成立三沙市，更施行相當於國內法的「海南漁業規制法」，確實地擴大其有效支配的範圍。這種以力為背景擴大領土範圍的舉動就是霸權主義。

中國在印度洋採行眾所皆知的「珍珠鏈」戰略。從資源供給的中東或非洲一直連到印度洋間的各重要港灣，已被中國設下不少據點。藉由幫助緬甸、斯里蘭卡、巴基斯坦等國建設港灣的機會，中國除了謀求海運路線暢通外，也打算在不用通過麻六甲海峽，就可確保運往中國的能源/資源通路暢通，中國為此現在正建造鐵路、公路及油管等設施。另外，為強化和歐洲的經貿關係，中國除積極開拓北極海航線外，也積極在包括斐濟、薩摩亞諸島的南太平洋活動。

從中國不斷升級的這些發言及行動，看不出中國有遵守國際規則，和國際社會協調，然後和平發展的意圖。中國此舉的目的在於挑戰美國的霸權或國際秩序，進而獨佔資源、能源及市場，藉此累積財富，確立霸權地位。亦即，中國不是要像美國那樣透過概念創新（ideology）或國際公共財（global commons）來控制世界，而是為經濟繁榮及為共產黨今後生存而獨攬統治權或擴大影響區域，中美兩國的意圖根本不同。

在1995年，中國當時的國家主席江澤民做出重大意義的宣誓：「中國既是大陸國家也是海洋國家。我方在戰略上必須高度重視海洋，強化全民的海洋意識。海洋強國的建設是歷史上的重要任務，必須認真進行研究」。中國經濟大幅成長，雖然國內存在不少問題，但還是急速擴軍意圖進出海洋，這表示中國早已料到會和週邊國家發生摩擦，也不怕和這些國家衝突，以此表示中國政府的決心。

很明顯地，中國所追求的目標是「中華民族的偉大復興與繁榮」。但這僅只是「中華民族」一族的繁榮，絕不是追求全世界的和平與繁榮。中國最重要的理念是統一。對中國而言，正如同核心利益所主張地，即使以武力也要達成「穩定」，同時為能行使武力，也需要「經濟發展」。

中國共產黨一黨獨裁的正當性，在於餵飽十三億人民，持續讓人民享受經濟發展帶來的繁榮成果。這才是共產黨的重要綱領，沒有妥協的餘地，所以最終唯有依靠軍事武力，追求持續擴大霸權主義！在歷史上，中國不存在國界的概念，中國人認為，只要是力量所及的範圍，都可以算是中國的版圖。

雖然宣稱只是為了防禦，但中國不只第一、第二島鏈，甚至言及以夏威夷為中心來分割太平洋，這正是前述意志的表明，也顯示中國軍事行動的擴大，並非是防衛線的擴大，而是「軍事霸權」的擴大。中國企圖在迎向中華人民共和國創建100週年——2049年之前，實現「中華民族偉大復興」的目標。他們的國家目標大概是明朝鄭和穿越印度洋到達東非的歷史，或是與清朝所構築的最大版圖重疊吧！但在中國朝著海洋強國目標前進的當下，與過去不同的是，在太平洋有美國強大海軍的存在。因此，中國為了保護重要地區及擴大海域的根據地，身為與美國並駕齊驅的大國，獲得亞洲太平洋地區，或至少取得西太平洋的軍事霸權是必要的條件。中國已經濟發展支撐而加強軍事武力為主軸，強硬企圖擴張海域，明目張膽地挑戰既有的國際秩序，這是我們必須瞭解的背景。

2021年是中國共產黨創黨100週年，也是「中華民族偉大復興」的中程目標。為此，中國人民解放軍以2020年為目標，包含建設太空站及成立太空軍隊、建構世界規模的中國版GPS、改革軍隊組織、提昇核戰的耐受力、增加潛艦及建造國產航空母艦等，藉由以上軍事武力的強化，在提高對美抑制核戰的同時，也在局部地區的戰爭上寄望打敗美國。亞洲太平洋地區的安全保障，於此時迎向一個重大的轉捩點。在這之前的時期，伴隨著美國力量及地位的降低、再平衡戰略的不確定性，也有歐巴馬政權想法與指導能力的薄弱等不安因素。除此之外，只要想到2016年台灣及美國的總統選舉而造成的政治空窗期，我們有必要考慮到東亞在未來可能有不安定情況發生。

## （二）中國的海洋擴張戰略—在西太平洋領先美國

為了取得中東及非洲的能源，中國一邊擴大安全路線，一方面開拓對歐洲的北極海航線。如同第三章所提到的，中國為讓美日兩國軍力不靠近中國沿海，將弱化美日兩國在西太洋的影響力做為最優先課題。

上述戰略的基礎是1980年代於鄧小平主政時海軍總司令劉華清擬定的「近海防禦」戰略。他從定義「近海」為以下地點開始擬定戰略：「所謂近海，就是黃海、東海、南海、南沙群島、台灣及沖繩島連接的內側海域，還有太平洋北部海域」。在這個基

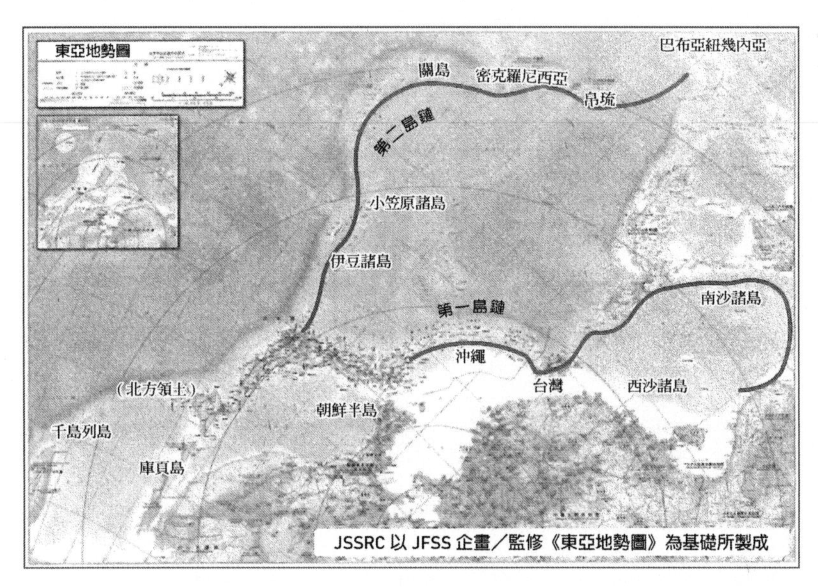


（圖10）

礎之上，中國將從過去的「沿岸防禦」戰略擴大成「近海防禦」戰略。同時，劉華清又說：「海軍的作戰海域，從今以後將有相當長的一段時間，主要沿著第一島鏈的外緣及其內側的黃海、東海及南海。如果中國加強經濟實力及技術水平而提昇海軍戰力的話，作戰海域將分階段擴大到從太平洋北部開始的第二島鏈。」。劉華清並首次公開表明：「中國週邊的海域是中國的海，中國海軍的任務就是奪回中國的海」。

第一島鏈是從日本的九州，經由西南諸島、台灣、菲律賓，一直延伸到婆羅洲的列島線，中國的國內電視台縱斷這些島嶼連成一條紅線，稱為第一島鏈。第二島鏈則從千島群島、北海道開始，連結伊豆・小笠原群島，再經由塞班島、關島，最後到巴布亞紐幾內亞的島鏈。

根據近海防禦戰略，中國將培養在2010年為止在第一島鏈，2020年為止在第二島鏈內有制海能力的海軍部隊。同時，中國並以2040年到2050年間為限，培養可在太平洋及印度洋與美國海軍同等戰力的海軍部隊為目標。目前中國的主戰略大抵如預期般推動中。

對中國而言，推動近海防禦的目的就是：第一島鏈內側是保衛國土及沿海、近海的「絕對防衛圈」，這邊假使發生嚴重事態，將可阻絕美國或日本的軍事行動，絕不讓美日在這個地區發揮影響力。同時，第二島鏈的中國一側是阻絕美國接近第一島鏈的海域。為此，中國除在本土多方布署導彈及巡曳飛彈之外，同時也配備潛艦、軍艦及遠距離轟炸機，其目的特別就是阻止遠從美國本土過來支援作戰的美軍。

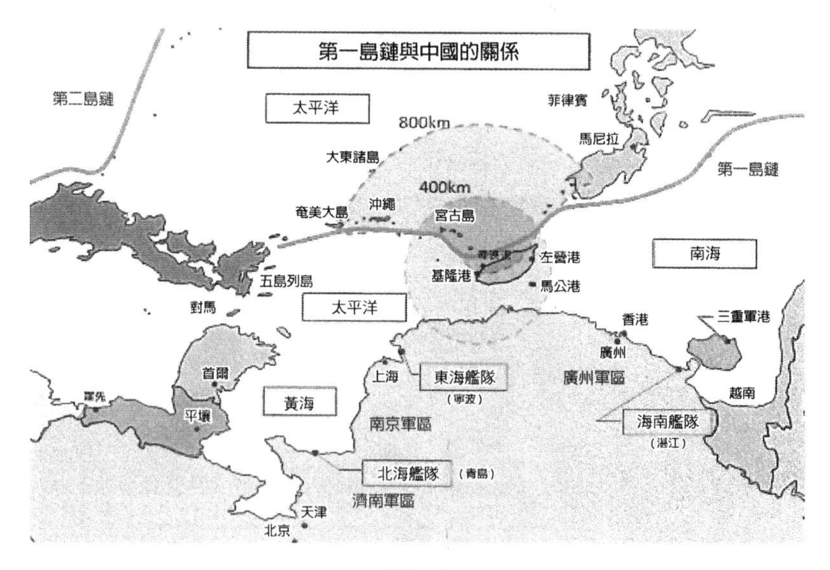


（圖11）

# 二、日本及台灣並列第一島鏈

## （一）從中國看第一島鏈

2012年，日本的「中國政治經濟懇談會」訪問中國時，中方表示中國有三個被稱作「經濟引擎」的「經濟核心地區」。

| 中國政治經濟懇談會 |
| --- |
| 為讓日本及中國從事國防相關業務的人士定期交換意見，日本於1977年成立「中國政治經濟懇談會」做為日方的對口單位。當時是由中國國家副主席鄧小平的呼應開始，之後日方每年都組團前往中國，討論日中兩國各種安全保障及國防議題。日方成員為陸海空自衛隊的退休將領，中方則由現役將官及國防大學的學者參加，長期進行日中雙方的軍事對話。今年（2014年）為第37屆。 |

當時中方表示「北京、天津、河北地區」、「包括上海在內的長江三角州」和「涵蓋廣州、香港在內的珠江三角州」等近海沿岸地區是中國經濟的核心地區，無論如何都要守住」。這三區分別面對黃海、東海、南海，具有無法抵擋美國戰略性轟炸的弱點，因此如何讓這些地區變成「軍事聖地」，對中國來說是急需解決的課題。

在這三個地區中，中國各有北海艦隊（青島）、東海艦隊（寧波）、南海艦隊（湛江），做為海洋戰略的根據地。同時，中國也在海南島三亞建設新的海軍基地。另外，根據媒體報導，中國決定以2020年為目標，建立由濟南軍區、南京軍區、廣州軍區三大軍區整合的功能性戰區，並由統合後的陸海空軍司令部指揮。

上述事實可以證明第一島鏈是中國的軍事聖地，也可看到中國亟欲實現目標的意思表示。從另一個觀點來看，北海、東海艦隊可以封鎖第一島鏈上的日本九州及西南諸島到台灣的海域，南海艦隊則可以封鎖從台灣到菲律賓巴士海峽間的海域。

對中國來說，確保第一島鏈可說是將「軍事聖地」等同於「防衛要塞」，也是對第二島鏈的「出擊要塞」。

在《紅星照耀太平洋》這本書中，中央黨校國際戰略研究所副所長宮力教授對第一島鏈的論述如下：

> 對於像中國這種強大的海洋國家來說，「有海無洋」是完全無法容忍的慘況。中國在打造遠洋艦隊時，必須面對島鏈這個地理上的不利要素。如果不能克服島鏈封鎖線，即便有強大的海軍，也無法有太大的成果。

關於宮力提到的島鏈封鎖線，是因為擔心第一島鏈會發揮阻止中國出海的功能。位於第一島鏈上的台灣，正好位於這條對中封鎖線的中間位置。如果將日本、台灣及菲律賓比喻成構成第一島鏈吊橋支柱的話，就很容易了解台灣的重要性（下圖）。沒有台灣，就沒有所謂的「第一島鏈封鎖線」吊橋。讀者可以了解到，中國的遠洋艦隊建軍，也是為了突破島鏈封鎖線，達到能進出海洋的目的。

中國在思考第一島鏈的意義時，絕不能忘記南海的價值。第一個價值就是海上運輸命脈航線的航行安全。南海的海上航線（sea lane）是連結印度洋及東海的最短航線，每年有4萬艘以上的船隻通過，也是支撐世界經濟重要的航線。對在印度洋及太平

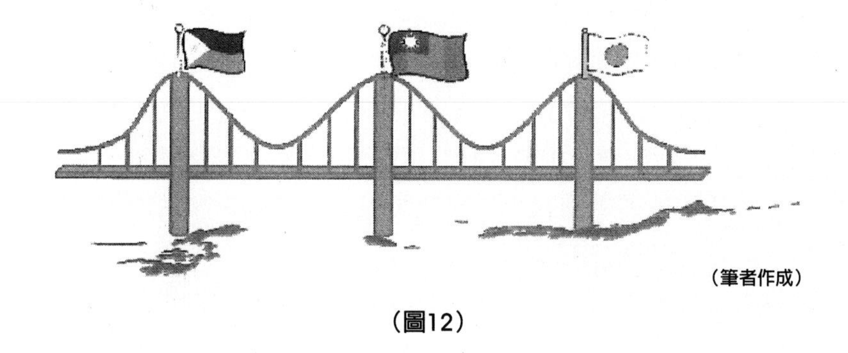

（筆者作成）

（圖12）

洋兩地區活動的美國海軍而言，也是為確保能讓海軍迅速反應及自由行動的極重要海域。假使中國將南海內海化，確立其軍事霸權，將會切斷這條命脈航線，剝奪美國、日本及週遭國家的航行自由。這不僅對相關國家，甚至對全世界都是一件攸關生死及重大影響的大事。

第二個價值就是核武威嚇。中國現在最關心的就是建構可以匹敵美國核武力量的核武嚇阻力。中國已經將固定地射型的ICBM改成移動型的ICBM，逐漸提高其耐攻擊能力。中國認為，能夠確實從美國第一發核彈攻擊中生存的手段，就是由搭載彈道飛彈的核子潛艇（SSBN）及搭載於潛艇上的彈道飛彈（SLBM）構成的反擊能力。中國相信，如果沒有可以信賴的彈道導彈報復能力的話，中國無法跟美國一樣並肩成為軍事大國，也無法提高抑止美國各種軍事活動的能力。

在中國的近海中，黃海或東海因為水深太淺，搭載彈道飛彈的核子潛艇無法航行，只有存在陸上基地援護，而且水深夠深的南海可以使用，所以中國會在海南島建造大規模潛艇基地，將航空母艦遼寧號派駐海南島附近，保護航行在南海核子潛艇

（SSBN）的證據。中國已經在南海部署三艘「晉」級核子潛艦，另兩艘則尚在建造。（譯注：2020年將增加至8艘）

中國由於在開發射程遠達美國本土的彈道飛彈（SLBM）的技術落後，假使要以中國現有的長程彈道飛彈攻擊美國本土，就必須將彈道飛彈帶到太平洋。此舉對核子潛艇是非常危險的任務。為此，中國急著想加長彈道飛彈的射程，以便可以從南海發射飛彈。對中國來說，南海的內海化或聖地化跟彈道飛彈有關，也是中國對美防衛戰略上不可或缺的條件，所以絕對不會延緩。

## （二）跨越第一島鏈前進太平洋的中國

中國新華社相關的媒體「國際先驅導報」，2010年時針對中國如何進出海洋一事，刊載一篇〈中國意識到的九個出口〉的文章。亦即，

> 包括麻六甲海峽在內，印度洋有3個出口（（7）（8）（9）），從南海通過巴士海峽到西太平洋有1個出口（（6）），之後5個出口全部跟日本有關，從西南群島到太平洋有4個（（2）（3）（4）（5）），從日本海到太平洋有2個（（1））。在這些出口中也包括從日本海經由津輕、宗谷海峽到北極海這個出口，今後這兩個海峽的的戰略價值應會提高。另外，值得注意的是，中國為了可以自由進出日本海，有必要向北韓取得羅先港的使用權。

這九個出口符合最近中國海軍的行動模式，中國想要將這九個出海口納入自己的控制，這種說法一點也不誇張。

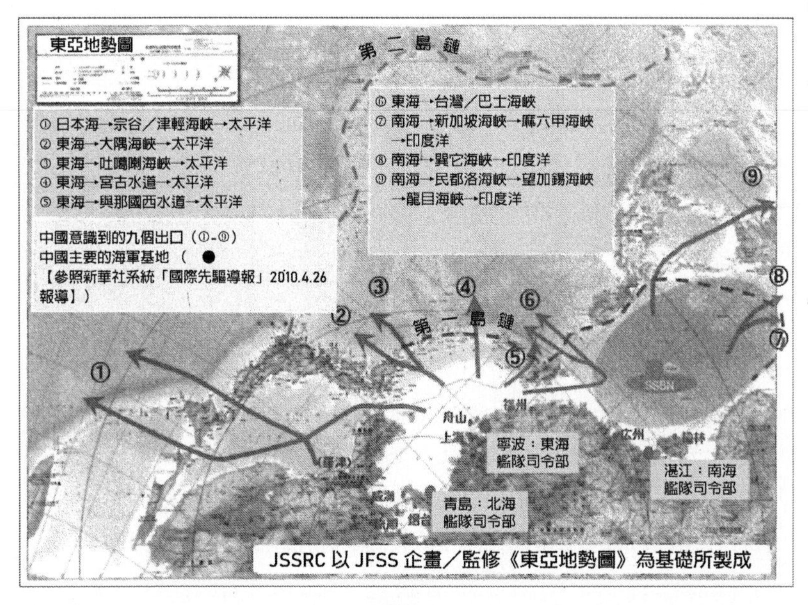


（圖13）

## （三）日美兩國的第一島鏈

如前所述，第一島鏈的軍事聖地化，是讓中國的海空軍可以自由進出太平洋，讓中國的船隻可以航行於前往中東、非洲的海上航線的必要條件。對中國來說，第一島鏈必須是島鏈封鎖線，必須成為進出太平洋的要塞。假若中國無法突破島鏈封鎖線，就意味著島鏈會成為妨礙中國在經濟上及軍事上自由活動的弱點。

前面已經提過，限制中國進出海洋的列島封鎖線，包括對馬海峽在內，以九州及菲律賓為兩翼，在兩者之間以沖繩為中心，連結西南諸島、台灣等一串島嶼群，成為幾乎封鎖中國海空軍的自然要害。此時，位在島鏈封鎖線中心的台灣，將中國沿海分成南北兩部分，成為阻斷北海、東海艦隊及南海、海南島海軍合作的中心位置。

中國將第一島鏈的北端定為太平洋北部海域，如之前提到的，活用北韓的羅先港，穿過津輕、宗谷海峽，意圖突破對中包圍網，而在實際演習時也如此行動。再加上中國已認知道津輕、千島海峽對開拓中國北極海航線有新的意義，日本必須注意中國這個意圖。

位於中國主張的第一島鏈上的日本、台灣、菲律賓（以下稱第一島鏈三國），島鏈封鎖線的防衛幾乎等同於保衛國土，也是摧毀中國反介入／區域阻絕（A2/AD）戰略的攻防據點。美國在有效運用島鏈封鎖線的情況下，才能有效實行「空海一體戰」這個對抗中國的軍事戰略。

島鏈封鎖線是美日合作攻擊時，讓中國海洋戰略基礎的軍事聖地中的區域阻絕（AD）無效，並粉碎該戰略的重要政策。因此，位於島鏈上的三個國家，除了強化本身的防衛能力外，假使可能發生戰事時，這三國必須沿著第一列島線設定阻絕中國船艦及航空器入侵的「阻絕海域及空域」，保障島鏈封鎖線的堅固防衛，才能阻止或抑制中國海空軍的自由行動。在這種優勢情況下，美軍才能發動對中國的軍事行動。

至於日本方面，在新的「防衛計畫大綱」下，平時就在重要島嶼部署自衛隊。然後，充實和強化陸海空軍的機動防衛能力，以便在情勢緊張時，達成以迅速及靈活運用這些部隊，取得海上及天空的優勢和敵人對峙的目標，並提高西南諸島的防衛能力。這時，如果除了海空軍外，陸軍也有攻擊艦艇的飛彈或擊落巡曳飛彈的戰區防空飛彈的話，就可以在監視及警戒系統上和海空軍合作，對制海及制空優勢做出貢獻。如果再搭配可以快速反應，具有火力及裝甲防護力的機動師或機動旅的話，則可以建構保護國民、堅拒外來入侵的陣線。再集中海空戰力，在不久的將來，配合美軍協助，可以製造給敵人決定性痛擊的基礎及條件。日本解決集體自衛權的問題，就可以聯合台灣跟菲律賓，沿著第一島鏈建構具有攻擊力的島鏈封鎖線。

在第一島鏈上快速建構有利於美日攻擊的環境，在這個幫助下，以美國為主力的海空軍力量，在有緊急情況發生的時期及地點集結並能自由反擊，才能在優勢軍力下粉碎中國的區域阻絕（AD）態勢。島鏈封鎖線具有這一連串「攻勢城牆」的意義。

如果要以防禦的觀點思考島鏈封鎖線的意義的話，則是拒絕中國在第一島鏈上設置其海上或航空的平台或基地，不讓中國在島鏈上發揮反介入（A2）的效果。尤其如果可以阻絕中國軍機的自由飛行或潛水艇等船艦進出太平洋的話，則會大大降低解放軍的反介入功能，如此將有利於美軍安全的集結與反擊及美軍發動軍事攻擊的條件。

對日本來說，西南諸島的防衛不單只是防衛一連串的島嶼而已，而是保護居住在國土上的155萬居民。同時，如果可以阻絕中國的船艦或軍機自由進出太平洋的話，就是保護日本政治經濟中心的太平洋工業帶，也是阻止日本屈服於中國軍事威脅的重要防線。在這個意義上，第一島鏈就是一連串的「防衛城牆」。

總之，對日本來說，島鏈封鎖線就是阻止中國將東海、南海的聖地化或內海化，讓美軍可以安全集結部隊，對中國發動軍事作戰的「重要攻擊區」。同時也是藉由阻撓中國對太平洋的軍事進出，讓中國放棄挑戰對美國或太平洋各國的軍事霸權野心的自由與民主主義的「重要保衛區」。

## 三、台灣在島鏈封鎖線上的影響力

台灣是成為島鏈封鎖線中心的支柱（請參照第224頁圖）。以下將整理台灣的價值,，分別為台灣對南海的影響、台灣的戰略價值、台灣對日本西南諸島的影響。

### （一）台灣對南海的影響

日本無法對南海直接發揮影響力，但相鄰南海的台灣與菲律賓等國對南海可直接發揮影響力。特別是台灣，不僅可以截斷駐紮在東海及南海的中國艦隊，若美日兩國可以最大限度使用台灣的海軍及空軍基地，便可以限制中國軍隊在南海的行動自由。

另一方面，對美日兩國來說，如何在南海有效抑制中國的海軍戰力，尤其有效的核武抑制力，是極為重要的事。如果中國保有極高的核武第二攻擊能力，除讓中美雙方在核武戰略上平分秋色外，而美國因遵守「中程飛彈條約（INF）」削弱中程核武戰力，導致美國的戰區核武威脅能力降低。因此，美國對包含日本的東亞地區的擴大戰力能力降低，其結果造成中國奇襲式地區戰的危險性增高。中國的地區戰如同韓戰或波斯灣戰爭的程度，當然也涵蓋對台灣及日本的攻擊。換句話說，如此將使中國對日本的武力攻擊或偶發紛爭的可能性相對提高。就此而言，有必要意識到台灣面臨南海一事，與日本的防衛有直接的連結。

## （二）台灣的戰略價值

在2013年，由日本戰略研究論壇和關心安全保障議題的智庫，在台灣舉辦安全保障研討會。台灣學者在會中指出，假設台灣成為中國的一部分，將會發生以下情況。亦即，如果中國引進俄羅斯射程400公里的S400防空飛彈部署在台北的話，除可涵蓋中國設定的防空識別圈（ADIZ）的一半外，同時將日本西南諸島的宮古島以西的先島群島納入飛彈射程範圍。另外，因台灣東岸水深極深，若中國潛艦以台灣東岸為基地，可以安全地從太平洋發出攻擊。

值得注意的是，中國重要網站──「東方網」（2009年12月1日）中，登載一篇〈日本對中國海軍的七個憂慮〉，具體敘述上述看法：

（1）台灣若回歸祖國懷抱，中國海軍將於澎湖群島設置軍港及戰鬥機隊，對日本西方與南方形成半圓形的反包圍網。

（2）日本的南進航路與運輸石油的油輪路線均必須經過台灣海峽及南海，但日本卻無法取得這些地區的遠距制空權。

（3）日本擔心被中國海軍潛艦群的包圍及殲滅戰術，也憂心反艦戰鬥部隊、海軍航空部隊的飽和攻擊。

此外，前揭《紅星照耀太平洋》一書中有以下敘述：

（1）中國在摸索突破島鏈的過程中，許多地緣政治的戰略家們特別關注台灣。台灣位於具有決定性的戰略航線上，更是中國前進太平洋的跳板。如果可以解決台灣問題，對中國來說，等於開啟通往太平洋的大門，而且可以突破第一島鏈。

（2）沒有台灣的中國無法突破島鏈封鎖線，無法前進太平洋，中國東南地區將因此喪失安全保障。

（3）美國若在台灣駐紮強大的海軍與空軍，這些基地將使中國大幅強化戰鬥力與核武威攝力。

綜合上述看法，台灣的新竹、嘉義等空軍基地、台灣北部的基隆、東部的蘇澳及南部最大軍港左營等港口，將成為中國想在西太平洋取得航空及海洋優勢的適合根據地。總而言之，中國對台灣的佔領支配，將使防禦線的第一島鏈封鎖線門戶大開，嚴重影響日本防衛的同時，也大大限制美國在西太平洋的活動。

## （三）日本及台灣在防衛上的一體性

在前述2012年中國政經懇談會的研討會上，從中方出席人士的發言觀察到台灣假使獨立，中國將對台發動軍事作戰。

對於台灣獨立，中國表明「一定會採取軍事行動」、「台灣海峽的西側狹窄又多淺灘，難以進行大規模作戰，因此將出海到台灣東側500公里至800公里的範圍作戰」。由於該發言非常重要，所以再次確認發言內容是否是認真的，每次都得到相同的答案。中國並提到，若美國支援台灣的話，將於台灣東側開戰，中國理應正面處理。這段發言在軍事上有妥當性，並有重大影響。800公里的距離套用在日本西南諸島，就是從沖繩南端開始到奄美大島、大東島都涵蓋在內。言下之意，就是只要台灣有事，日本西南諸島將全部進入中國的作戰區，同時將大幅限制美國航空母艦的活動範圍。（參照第228頁的「第一島鏈與中國關係圖」）

此時，中國為取得在西太平洋的海上優勢，首先要取得在日本西南諸島的制空優勢，為取得該優勢必須將西南諸島收編為空軍基地。換言之，日本西南諸島對中國來說是從軍事聖地變成「防守要塞」，同時中國為獲得在西太平洋上的海上優勢，因此以日本西南諸島作為巡邏此海域制空權的基地，因此西南諸島也是「進攻要塞」。

就安全保障的觀點來說，上述言論證實台灣與日本在防衛上有直接關係。日本與台灣是命運的共同體。台方學者也在台灣的安全保障研討會上說，同在第一島鏈上無法逃避的台灣與日本是命運的共同體。此點所言甚是。

## 四、強化美日台的安保合作

由前面幾節安全保障觀點的討論，我們可以得知台灣與日本是命運共同體。但其實台日並非只是單純的命運共同體。現在的台灣可說是與日本共同擁有自由與民主價值觀的「國家」。台灣經過過去半個世紀以上所建立的政治體制、經濟系統以及社會制度等，不管是哪一個國家都應該給予尊重。同時，台灣這個「國家」是比這個世界上的哪個國家都喜歡日本，而且台灣繼承日治時期的遺產，台灣對日本來說是無可取代的「真正理解者」，同時也是「真正的友邦」。

與日本共生死的台灣，為處理中國軍事的威脅，使中國放棄軍事上的冒險，守護共同的價值觀，加強以美國為中心的美日台軍事關係是必要條件。以現況來說，美國與台灣因《台灣關係法》而結盟，美國與日本之間因《日美安全保障條約》而有同盟關係，但是台日之間不過是已經濟、文化為中心的非正式關係。

今後將計畫加強更有效的《日美安保條約》，並以此為主軸加強台日的安全保障關係。美日台的安全保障關係由原來的「以美國為中心的台日間接關係」，也就是以美國為主的「美日台扇形關係」，發展成美日台的鐵三角關係，這將成為守護自由及民主主義並且維持東亞和平安全的關鍵。但美日台各自有下述必須面對的課題。

## （一）台灣政治及太陽花學運

2008年台灣政黨輪替，中國國民黨接替民進黨執政。馬政府一方面在經濟上加強跟中國的關係，終於在2014年2月符合中國對台灣統一第一步，於南京舉行帶有政治意涵的王張會。王張會同意建構雙方主管兩岸事務最高層級的互訪及對話機制。這是1949年兩岸分治以來的第一次，具有重要意義。

之後，馬總統雖努力爭取，但最後並未出席2014年秋天舉行的亞太經合會。同時，隨著兩岸經濟關係日益密切，民進黨也不得不對中國有所妥協，因此不太正面主張台獨。對此，民進黨以台灣人民潛在的「獨立傾向」為背景，提出「維持現狀」的主張，意圖在下次選舉時扳回局面。國民黨也好民進黨也罷，面對中國壓倒性的軍事力及經濟力，當時連維持現狀都有可能走不下去，遑論主張台灣獨立。2014年底，台灣將進行九合一選舉，其結果將對2016年總統大選產生極大影響。

然而，在2014年3月18日，發生逆轉局勢的重大事件。有300名學生從這天起佔領立法院議場24天後，在王金平院長介入協調後同意撤離。學生佔領立法院議場的原因，是執政黨國民黨的立委在內政委員會以服貿協議已超過3個月的審議期間為由，強行表決下所引起的。

雖然佔領立法院議場是過於激烈的行動，但是學生以非暴力及有秩序的組織讓佔領行動進行。同時，簽署服貿協議後會有大量中國人及中國資本進入台灣，改變台灣現狀的主張，也在此次運動中得到台灣人民廣泛的支持，在學生佔領立法院後，立法院外圍被數萬名的支持者包圍。這場抗爭由井然有序的組織以非暴力抗爭方式進行，得到海內外的注目。學生自己對外宣傳發聲，成為一個政治的浪潮，被稱為「太陽花學運」。

馬政府自上台後就大幅改善兩岸關係，並階段性開放兩岸貿易及人民往來。這些措施的結果，讓兩岸的貿易額達到1年1600億美元，每年約300萬中國觀光客來台。然而，隨著接觸中國人的機會增加，台灣人對中國人的不信任感升高。如果兩岸經濟的一體化不斷前進，台灣社會大多數人對台灣經濟將被中國併吞一事，抱持著很深的危機感。

馬政府在2013年6月和海協會簽署做為兩岸經濟合作架構協議（ECFA）一部分的服務貿易協議。根據該協議，中國將開放80項領域，台灣將開放64項領域的市場。台灣將開放的市場有金融、醫療、食品、生活用品、商店、印刷業、報業、書店業等所有的服務業。然而，由於服貿開放的具體內容缺乏透明，台灣的中小企業害怕從中國來的大型資本及勞動力將毀滅台灣的服務業，造成台灣經濟被中國吞滅的同時，中國對台灣媒體的投資也有可能危害台灣的言論自由。

太陽花學運的特色，在於活動聚焦在馬政府自2008年上台以來，在推動兩岸關係的改善措施所帶來的不安，而且拒絕和枱面上的政黨合作這件事。確實，學生的主張跟台灣人對兩岸經濟整合的走向抱持不信任感一事一致。同時，我們也不能忽視住在台灣好幾代的本省人，與二次大戰後來台以馬英九為代表的外省人之間的族群裂痕。

## （二）太陽花學運的影響

太陽花學運刻意不談藍綠，淡化政治色彩，想要替一般老百姓擔憂的「國家危機感」發聲。根據媒體的調查，有七成的台灣民眾支持太陽花學運。以下列出幾點太陽花學運對台灣社會的影響。

對中國來說，（1）太陽花學運呈現台灣人對中國的不信任感；（2）許多台灣人認為有必要對兩岸關係的進展踩煞車；（3）要告訴中國政府，經濟牌對兩岸統一的效果有限；（4）2014年10月在北京召開的亞太經濟合作會議（APEC），不可能會有馬習會等。

對台灣方面有下列幾項影響：

（1）馬政府推動已經濟為主軸的親中政策，使中國人及中資大量進入台灣，大幅改變台灣現狀。不少台灣人對此非常擔心，太陽花運動剛好成為這些擔憂的匯集點。

（2）馬政府的「為了不要被中國併吞所以要親中」思惟，和台灣人民「中國不值得信任所以不該親中」的反對統一思惟明顯對立。

（3）學生用非暴力手段對抗國民黨粗暴的法案審查，給台灣政治社會帶來大衝擊，激發台灣庶民的台灣認同及愛國心理。

（4）樹立庶民以非暴力手段推翻政府恣意施政的先例。

另一方面，對國民黨有以下兩個影響：

（1）太陽花學運看到國民黨下台的可能性。國民黨的立法院院長王金平，以及當時台北市、台中市、新北市的市長都反對通過服務貿易協議，可能使國民黨內對立的情況更加嚴重；

（2）馬總統威信盡失，支持率跌到9%，馬政府的跛腳化將成為嚴重問題。

對民進黨則有以下兩個影響：

（1）不少台灣人對民進黨經忘記1987年成立時的初衷，跟國民黨一樣採親中政策感到失望。學運的領導人為了避免活動有政黨介入，從頭到尾只讓民進黨和其他團體一樣在旁支援，而不讓其上台或同台。該運動促使民進黨的政治人物深刻反省。

（2）4月14日，時任民進黨主席的蘇貞昌和謝長廷都公開表明不選下一屆黨主席。兩人的公開聲明避免民進黨的內部分裂或自亂陣腳。民進黨得以全力支持率先表達競選黨主席的蔡英文，並對2014年11月底的九合一選舉的勝選開始全力輔選。

面對2016的總統大選，民進黨原本設想的兩岸關係基是較和緩類似兄弟的國與國關係，但受到此次太陽花學運的衝擊，民進黨被迫要提出更「民進黨」的政策。另一方面，國民黨面臨分裂的危機，政治局勢有可能會重整。然而，不管未來如何發展，都不能否定中國對台灣的影響力，中國會用盡任何手段扳回局勢，只是從太陽花學運爆發的台灣人認同不是只是單一事件，也不會隨著活動結束就進入尾聲。

今後的台灣已面臨和傾中勢力對抗的局面。從日本開始，包括美國及東南亞各國，對於台灣這場「自由民主」的保衛戰，不應抱著隔岸觀火的心態。

## （三）台灣軍隊的信賴性及中國

目前中國已經擁有可以完全壓制台灣的軍事力量，今後這個差距也有逐漸擴大的趨勢。同時，美國又可能因中國的政治壓力逐漸停止出售武器給台灣。

在這其中，台灣人所憂慮的是馬政府對中國一些微小的軍事壓力反應過度而對中國投降。如前所述，在台灣舉辦的安全保障研討會中，有提到台方恐懼中國的武力威脅，雖然也表示「還沒開戰絕不屈服」、「不讓中國速戰速決」是很重要的。吾人擔心，假使台灣人民以為無法從美日兩國得到安全保障及防衛上協助，台灣人民很可能在懼怕中國強大軍事力量及經濟力量下，違反自己意志而屈服中國。

另外，在安全保障研討會上也提到，近年來有許多台灣的退役將官在中國活動，並洩漏軍隊的重要情報給中國。如果攸關國家死活的重要軍情被洩漏給中國，即便日本對台灣友好，也不會在軍事上給予協助。這將對於台日軍事合作帶來不良影響。

台灣國軍的意識已由過去效忠國民黨的黨軍，逐漸轉變為效忠人民的軍隊，這件事令人樂見。此外，受過美式軍事教育的上校以下軍官人數也逐漸增加，國軍的體質也慢慢改變。另一方面，台灣的高級將領多半是外省人，很難斬斷他們與中國的深厚關係。像這些台灣國軍煩惱的複雜問題，不僅在台日之間，也包括美日台之間的細膩問題，今後日美台三國都應謹慎看待這些問題。

## （四）深化美日同盟的必要性

美國與台灣之間雖然有《台灣關係法》，但是美國與台灣並沒有穩固的軍事同盟。要彌補台美欠缺軍事同盟關係的問題，除了加強美日安保體制外別無他法。日本要有堅強的防衛意識，在建構穩固的防衛體制時，還必須能夠有效維持東亞或亞太地區和平與安全，並努力深化美日同盟。

此時，有兩件事很重要。第一，如前所述，日本要認知道，日台兩國是同樣面對中國軍事威脅的命運共同體。日本對中國在經濟上的利益有過大期待，面對中國軍事壓力時，有盡力補救並靜待風暴過去的傾向。但是這種曖昧的態度，是無法解決今後日益強大的中國威脅問題。前面提到的「太陽花學生運動」，雖然在台灣是一件大事，但在日本，「太陽花學生運動」之後，日本人對後續報導及關心都不強，只被當作偶發性的事件而被人遺忘，令人遺憾。若這樣下去，中國不只是對台灣，也會開始對日本露出軍事獠牙，一直旁觀並無法改善台日關係。

另一個課題是強化美日安保體制的實效性。美國軍事影響力衰落是不可避免的趨勢，為了彌補這個缺憾，日本必須以「自己的國家自己保護」為基礎，朝著建構「擁有主體性的強韌防衛」的目標邁進。此外，有必要重新審視美日安保指針，及早增強美日同盟有效性，使美日同盟成為確實守護地區和平安全的力量。日本本來就保有獨立國家具有的防禦能力，並且也是與美國共同生存、守護自由與民主主義台灣的後盾，是台灣最佳的支援者。

## （五）美國行使軍事力的問題

美國雖然在軍事上持續維持大國的立場，但從2013年到2021年的10個會計年度，在「強制減少支出」的政策影響下，將大量削減國防預算，因此美國的亞洲再平衡戰略被懷疑無法有效強化對亞太地區的軍事參與。在這其中，如果亞太各國質疑美國抑制中國軍事擴大的決心，便會提高中國對周邊地區或海域進行奇襲作戰的危險性。很遺憾的是，我們只能無奈接受，上述發展很有可能發生。

在這種趨勢中，該被指出的最大問題是美國歐巴馬政府軟弱的領導能力。美國在2013年介入敘利亞內戰時，不僅歐巴馬總統自行迴避決定，還發表「美國並非世界警察」、「沒有辦法矯正世界所有錯誤」等令人震驚的宣言。另外，不但對中國防空識別區處理態度曖昧，副總統在訪問中國時竟然承認「美中兩國是對等的大國關係」，且對於日中韓問題也只是以第三者的角度，要求日本「藉由溝通解決問題」。歐巴馬總統雖然在2014年4月出訪亞洲四國，並對同盟國強調美國的防衛責任，但是美國對中國的曖昧態度還是會為將來美國和盟國間關係留下問題。

最近美國對於烏克蘭問題也是同樣的態度，被俄羅斯看破手腳，結果讓俄羅斯併吞克里米亞半島。美國的影響力確實逐漸下滑，而中國也關心逐漸無法行使軍事力的美國。另外，以烏克蘭問題為契機，為對抗歐美各國團結重新調整對俄戰略，俄中持續進行關係緊密化策略，不僅對台灣，對日本來說都是不好的走向。

## 五、建構強化美日台關係後的三方合作

在上述不安定的局勢中，如何克服負面因素，建構更穩固的美日台三邊關係，一定對抑制中國在軍事上的冒險突進，及區域的和平及安全上有所貢獻。日本該做的，除了真正強化美日同盟外，也要強化和台灣在安保及防衛上的合作。

### （一）強化日美同盟的政策

為了強化日美同盟，日本必須要有好好保衛國土的覺悟，有自主性的建構防衛力，並有必要加強日美安保體制的有效性。為此，在自我防衛的大前提下，日本要大幅增加陸海空自衛隊的預算、裝備及人員數量。這次的「防衛計畫大綱」及「中期防衛能力強化計畫」中，關於強化防衛能力的內容還是不夠，這會讓美國以為「日本在自我防衛」上怠慢的印象。政府有必要認真的重新修正防衛現狀。

關於強化日美安保，目前日本有許多課題尚未解決，政府首先要解決這些問題。譬如，要明確規定美軍來援時可以使用的機場及港口，提供支援運輸等的地主國支援（host-nation support）的法律依據，這個法可先稱做是《美軍支援法》。再者，在修改美日安保防衛指針時，要加上為提升核抑止力，日美應該共同擬定戰略及作戰計畫的內容，也有必要在平時設置日美共同作戰調整單位。

現在日本政府已解禁集體自衛權的行使，國會有必要進一步討論台灣有事時適用日本集體自衛權的問題。在討論這個議題時，要基於以下前提：國會有必要連結島鏈封鎖線中的台灣國防和日本國防，了解島鏈封鎖線在美國對中政策有極重要的影響，重新確認島鏈封鎖線的防衛意義。

在此之上，日美兩國要重新檢討日美同盟的戰略，宣布新的日美共同宣言，並有必要著手討論包括台灣有事在內的日美共同作戰計畫。另外，對於中國主張自己是「文明大國」卻提不出任何理念一事，日美台要成為共享自由、民主、人權、法治等人類社會的普遍價值的三角關係，敦促美國做為這三角關係的帶頭者而採取行動是重要的事。

再者，美日兩國有必要和台灣及菲律賓等國合作，在南海及巴士海峽共同警戒巡邏，這在平時的危機管理上也有需要，應該儘快檢討實施。

然而，即便做到這些，也不能說日美台三國在安全保障上就高枕無憂。美台間雖無邦交，但美國有《台灣關係法》，在安全保障及防衛上能實際幫助台灣。另外，1996年台海危機時，美國派遣兩支航艦戰鬥群應對。雖然由於政府的施政，美台雙方關係有時會有變化，但這不會影響美台雙方是「實質同盟」的事實。與美台關係相比，日台關係算是十分脆弱。造成這種情況的主因，是日本對中國的低頭外交。今後日本不只在經濟、產業、文化和台灣交流，也要在外交、安保及國防上，儘可能跟台灣建立實質的「準同盟」關係，而建構日美台的鐵三角合作關係，是一件很重要的事。

## （二）強化日台關係的政策

日本一直顧慮中國，不關心台灣在軍事及政治上的重要性，即便關心也是避免官方性接觸而迴避責任。然而，日本對中國的顧慮，最終是讓中國國力強大，不但沒有改善日中關係，反而使日中關係惡化。日本有必要重新認識與台灣進行安保及防衛合作的重要性，必須覺悟現在是和台灣戲劇性改善關係的時機。首先，日本必須制定類似美國在防衛上協助台灣的《台灣關係法》，做為推動日台安全保障及防衛合作基礎，這是當務之急的課題。

日台兩國間沒有邦交。目前日方是由外務省及經濟產業省所管轄的民間機構——公益財團法人交流協會，台方則是由外交部管轄的亞東關係協會，做為雙方交流的窗口，在經濟、社會及文化等領域持續維持「非官方的實務關係」。在日台關係毫無任何法律根據的不安定狀態下，勉強維持「實務」關係。日台雙方在安全保障及防衛領域的交流也十分有限。

如前所述，台灣週邊情勢有可能急速且大幅變化。而這些變化理所當然會對日美兩國，特別是日本的安全保障有致命性的影響。因此，如果日本還是繼續抱著不想為台灣的安全保障及防衛，做出負擔和犧牲的無責任態度，不僅會弱化日台甚至日美關係，而且輕忽亞太地區的和平及安全，最終在戰略上將弱化日本對亞太地區的連結，對日本的獨立及安全造成損害。

日本人要有保護亞太地區和平及安全的決心，正面看待中國擴軍的問題。此時正是日本人是否覺悟的時刻。易言之，日本政府要以美日安保為軸心，推動將美國的對台政策整合在內的對台政策，同時要制定《日台關係基本法》做為法源。此舉雖然有可能對中國過去制定的《反分裂國家法》形同挑釁，中國很可能會用軍事行動威嚇日本，但日本不應就此退卻。

《日台關係基本法》的立法目的，是以「和平解決台灣問題」及日中兩國的的「互不干涉內政」原則（1972年日中共同聲明）為基本方針，為了實現亞太地區的安定及繁榮，日本及台灣就政治、安全保障、經濟、通商、產業、觀光、學術、教育、文化、體育、醫療、社福、防災、地方自治及其他領域促進交流。

《日台關係基本法》的基本理念為，日本及日本國民對台灣和台灣人民，為維持及促進雙方在以下各個領域密切及友好的關係，以及日本能在亞太地區的和平及安全基礎上推動外交，可以替日本在政治、安全保障及經濟上帶來利益並具有國際意義。日本可在支持基於《台灣關係法》的美國與台灣關係的同時，也可以對於海洋應以「法」而非「力」的支配，保護海洋做為自由且開放的公共財，以日美安保為軸心來協助台灣等。

值得一提的是，2014年2月，以岸信夫外務副大臣為首的自民黨「促進日台經濟文化交流青年議員之會」，為了強化日本及台灣的關係，確定要進行日本版《台灣關係法》的制定作業。雖然中國馬上發表絕對反對的聲明，但日本不應為此退縮，反而應該加快進度，將討論中包括日台安全保障在內，強化日台關係的重要性向民眾訴求，形成輿論支持。這是一個很重要的手段。為了強化日台關係，必須加速腳步制定日本版的《台灣關係法》。

現在有關日台的軍事交流，日本政府派遣退休的自衛官到日本交流協會台北事務所工作，以調整雙方的防衛關係。日台兩邊的軍事交流主要是個人對個人，尚未在組織和組織間建立緊密的交流關係。雖然日本和台灣目前有需要強化雙邊合作，但雙方的管道還不夠暢通。

另一方面，前面提到，為了認真進行軍事交流及技術合作，日台雙方必須締結《軍事資訊保護協定》，也因此軍情單位組織性交流是必要的。因此，派遣現役的自衛官到交流協會台北事務所，建構雙方交流基礎是當前的緊要課題。現今日台兩國在擴大安全保障及防衛合作基礎，同時以命運共同體理念，深化實質合作的急迫性不斷昇高。為了強化日台關係，有必要加強日台間的軍事交流。

## 結語

面對不斷膨脹軍事實力，將第一島鏈當做一決勝負的重要戰場的中國，對位於第一島鏈上的日本、台灣以及菲律賓等南海沿岸的東協國家來說，現狀十分嚴苛。台灣於2016年舉行總統大選的結果，對台灣未來走向有重要影響。日本人雖然無法直接幫助台灣，但有必要從各個層面或從精神層次上幫助台灣，以避免自由之光從台灣消失。為此，有必要讓前述制定日本版《台灣關係法》的言論在日本民間發燒。對日本人而言，台灣的安全保障絕對不是別人家的事。

然後，為了讓中國的軍事野心有所遏止，日本必須以美日同盟為主軸，提高日本和美國、台灣及菲律賓等東協國家在安全保障及防衛上的合作層級。具體來說，日本及台灣和菲律賓等東協各國必須盡力確保自國的國防。同時，這些國家也必須互相合作及配合，維持島鏈封鎖線的堅固，蘊育美軍可以安全且迅速集結，並發揮壓倒性打擊火力的條件的環境，以及阻止中國在亞太地區成為軍事霸權的抑制力量。

日本、台灣以及菲律賓等東協國家，還有美國有明確的共同目標，就是要確保亞太地區的和平及安全，以及加強相互合作關係以持續繁榮。日本人要體認我們所處的這個時代，不要懼敵，不要輕敵，要有勇氣且快速行動。

# 跋

## 日美同盟與台灣

台灣不僅是與日本一衣帶水的鄰國，也位於貫通區域國際海上交通樞紐的關鍵要地，對日本生存與繁榮的重要性無庸置疑。同時，正如歷史上當中台之間發生危機時，日本的盟國美國經常採取軍事介入的經緯所示，美國是將台灣視為亞太地區對中國戰略的重要夥伴。在中國不斷對台灣或相關區域從外交、軍事、經濟等方面增強壓力當中，台灣做為一個民主國家儼然存在並持續發展為先進國家的「政治性價值」，以及台灣固有在區域安全保障防衛上的「戰略性價值」，特別是對美日兩國有極為重要的意義。

此點正如本書反覆敘述一般，若慮及台灣被納入中國統治範圍時將會發生何種情況與將會造成什麼損失的話，台灣對美日兩國甚至亞太區域的重要性就不言可喻，從而可以導出強化美日同盟與台灣安全保障及防衛關係的必然性。

就此而言，其要點包括以下五項：

第一、當日本的防衛遭逢致命性打擊時，其結果將對國際社會造成重大影響。換言之，如果中國在台灣持續性配置軍事力量的話，日本從西南諸島到西日本的防衛都會受到關鍵性的影響，而且整個太平洋沿岸地帶的政經中樞都將受到經常性的威脅。同時，從地域戰略上來看，最重要的台灣周邊海域的軍事與商業利用受到阻礙，成為對被美日兩國視為生命線的軍用與商用海上通路的致命性威脅。

第二、如果由中國這個非民主的一黨獨裁國家統治台灣，亞洲太平洋地區整體都將動搖，東亞各國的民主鞏固或發展、國家民主程序的營運，以及內政外交等各方面都將遭受極其惡劣的影響。

第三、由於喪失民主國家台灣的存在，將使東亞各國對抗中國壓力的重要一角崩潰。結果這些國家將如骨牌效應一般，逐步昇高中國（中華）化的可能性，日本戰後在該地域構築的政治經濟影響力將會喪失。

第四、台灣國民有受日本統治的經驗，在亞洲國家當中也相當卓越，且是對日本及日本國民抱持善意的友好國家，若任憑這種難得的真正友邦淪喪，其所造成的損失將難以估計。

第五、台灣防衛是美國承諾的明證，其失敗意味著美國迴避其國際政治的重大責任，美國不可避免地將失墜威望與減退其在亞太地區的影響力。

另一方面，對中國而言，台灣在戰略上也有重要意義。日本位於東海・西太平洋交界的南西諸島與台灣本島相連，構成中國所謂的第一島鏈，當中國擁有的大型轟炸機或水上艦艇、潛水艇等的海空戰力挺進西太平洋時，就必須通過日本南西諸島列島線或台灣周邊海域。中國只要將台灣納入管轄，就自然能獲得戰略航路。如此一來，對中國而言，做為「核心利益」的台灣，單是其戰略位置所具有的關鍵重要意義，中國就無論如何都要將其置於統治之下，接著再以台灣為基點，在西太平洋展開強大的軍事力量。中國會擁有這種想法也是不言可喻的。

台灣希望與美日等擁有相同價值觀的自由民主國家共存，獲得這些國家的強力支援，特別是在安全保障方面，期待能與美日強化關係。但近年來中台間的軍事均勢逐漸傾向於中國優位，來自中國的軍事壓力日益增強。當前美日兩國重新基於對台灣「政治價值」與「戰略價值」的共同認識，也就是說提高命運共同體的意識，進一步構築台美日三國安全保障・防衛的協力關係，團結合作阻止中國統治台灣的霸權野心。

## 美日兩國的對中因應策略

那麼美日兩國該採取何種因應策略呢？兩國雖在1970年代與台灣斷絕正常的邦交關係，但美國仍迂迴曲折地透過《台灣關係法》，持續在安全保障・防衛方面支持台灣，在1956年台海危機等一再發生的兩岸衝突時，以軍事實力牽制中國。但另一方面，日本卻懾於中國的壓力，從未以國家身份明確進行任何支援。時至今日，美國的外交經濟影響力開始出現陰霾，反之，中國的霸權動作則日益顯著，美中兩國的軍事均衡已不再是美國絕對優勢的情況，日本也有必要認真思考其所應採取的策略。

從亞太地區大陸勢力與海洋勢力對立的架構來看，針對向海洋挺進希望獲取區域霸權的大陸勢力中國，與擁有包括廣大海域在內的區域全體影響力的關鍵海洋勢力美國，同樣被定位為重要海洋勢力而屹立於中國面前的就是日本與台灣。台美日三國必須以海洋勢力一致合作行動，阻止大陸勢力中國向太平洋方面擴張霸權。因為這對維持與發展區域的民主與穩定是必須的。

台美日三國在地緣政治環境、國土地勢條件、言語、宗教、文化等方面具有不同特性，但另一方面三國都擁有海洋國家的基本條件，以及國家生存繁榮極度依存於海洋的自由利用等共通點，而透過海洋提供繁榮的基礎就是台美日三國都是自由開放的民主主義國家體制。

然而，台美日三國在安全保障上的關係並非是萬全的。美日間有強固的同盟關係，而台美間雖沒有正式的邦交關係，但以《台灣關係法》而在防衛裝備方面存在事實上的支援關係。同時，雖說美國因政府不同而多少有所搖擺，但以1996年台海危機時派遣兩個航空母艦機動部隊前來等例證，台美間存在「實質同盟」的關係。若從這種「雙邊」的比較來看，台日關係則相當曖昧。造成此種情況的主因是日本對中國的軟弱外交所致，因此今後台日不只是經濟、產業、文化層面的交流，在外交、安保、防衛方面也要有所發展，至少也要成為接近於「實質的準同盟」關係。此點十分重要。

## 日本外交與台灣

日本在第二次安倍政權時，於2013年12月策定《國家安全保障戰略》，其中提出「基於國際協調主義的積極和平主義」的新國家理念。基於此點，日本開始展現「逐步脫卻戰後以來一貫持續的一國和平主義的束縛，轉為朝向適合國力、國情而貢獻國際協力活動的方向」。2014年7月，安倍政權於內閣會議決定容認部分集體自衛權的行使，其後順利完成《自衛隊法》等相關法規的修正案，於2015年修改「美日防衛合作指針」，其後2016年3月29日新安保法正式上路。此時，日本當然將台灣視為集體自衛權的適用對象國，在修改「日美防衛合作指針」時，也將原本僅停留於朝鮮半島事態的設定，擴大為將台灣海峽事態也放入視野的方向。

在冷戰結束以後，美國仍舊以卓越的軍事能力，做為「世界警察」，貢獻於全球和平的創造與維持。然而，由於國內外存在眾多課題，如在歐巴馬第二任期時面對敘利亞與烏克蘭等問題時一般，美國明顯喪失國際領導力，雖然歐巴馬政權形式上轉換為重視亞太地區的政策方針，但在被迫大幅削減國防預算等情況中，重返亞太政策的實現並不容易，形成必須區域內盟國或友好國家在安全保障方面支援合作的狀況。

以2015年5月中越因南海油田開發問題而發生衝突為契機，美國明顯改變對中政策。在同年6月的香格里拉會議中，卡特國防部長直接點名非難中國不斷擴張的霸權行為。相對於此，不只是日本和東協各國，連歐美等與會國家也都明白採取相同姿態，而中國代表始終迴避回答問題。

台灣的民主化雖然算是較晚，但在政治經濟方面持續和中國對立的關係下，還能實現高度經濟發展，成為防止東協各國骨牌效應倒向中國的重要角色。同時，正如前面所述，台灣在地緣政治上的戰略價值無疑極為重要。之前台灣社會的政治性停滯，馬政府急遽倒向中國，這個動向讓區域內各國頗為擔心，但這次「太陽花學運」成為政界再編的契機，讓台灣國民朝台灣自立的方向覺醒，很有可能發展為強化台灣獨立志向的結果。

## 日本應採的因應策略

然則，本於對台灣政治價值與戰略價值的思維，日本應採何種因應策略？

如前面一再指出地，與日本一衣帶水的鄰國台灣，在地緣政治與戰略上對日本是居於重要位置，同時台灣海峽是海上航路的輻湊要點，對日本或區域全體具有重要意義。假設台灣在政治上或軍事上完全被中國壓制，則日本不只在外交上經濟上甚至在軍事上都將蒙受重大打擊。此點是不言可喻的，因此在台灣周邊有事的情況下，日本應採取與美國相同步調，為能在軍事上支援台灣而採取行動。

在此，由於台灣有事時考慮台美日三國安全保障關係越來越重要，因此日本政府有必要脫離「擁有權利但不行使」的神學性憲法解釋，發展讓集體自衛權問題更具實効性的政策。同時，除日本之外，同為盟國的美國也必須明確表明必要時對台灣行使集體自衛權的可能條件，也應解決由此衍生的「武力行使一體化」問題。

換言之，想定台灣有事的情況，謀求今後台日安全保障・防衛關係應有的形態，基於安保法制懇談會的答覆關於集體自衛權行使的議論，日本政府今後應該採取的是：（1）於2015年前半進行改訂作業的美日防衛合作指針中，明白規定台灣是美日共同防衛合作（周邊有事）的對象；（2）推動台美日三國安全保障・防衛合作；（3）在一定條件下，將台灣做為集體自衛權行使的對象；（4）綜合上述各點，制定《日台關係法》或《日台關係基本法》等。

日本對台灣在安全保障・防衛方面的期待是，除在自由民主國家的防衛之外，應再增強處理周邊海域或海上通路防衛能力。首先，期待台灣須全軍儘速熟練從美國導入擁有C4ISR機能以海空為主體的近代裝備的實際運用，為獲得「綜合制海・制空能力」等近代戰遂行能力而努力，並以此為國家整體的共識而邁進。其次，台灣將來須認知保有執行戰略性反潛作戰、廣域情報收集、彈道巡航導彈防衛、海上防空等能力是有必要的。

以「太陽花學運」為契機，台灣民意開始大幅扭轉。一般社團法人「日本戰略研究論壇」今後將努力謀求本書各章所載內容的實現，向有關方面積極推動政策提議，為加深日本國民的關心與理解而持續認真努力。

台灣安保叢書9　PF0207

# 粉碎中國野心
## ——共建台日聯合防線

**編　　者**／日本戰略研究論壇
**譯　　者**／林彥宏、徐浤馨
**責任編輯**／杜國維、陳彥儒
**圖文排版**／周妤靜
**封面設計**／劉肇昇

**出版策劃**／獨立作家
**發 行 人**／宋政坤
**法律顧問**／毛國樑　律師
**製作發行**／秀威資訊科技股份有限公司
地址：114 台北市內湖區瑞光路76巷65號1樓
電話：+886-2-2796-3638　傳真：+886-2-2796-1377
服務信箱：service@showwe.com.tw
**展售門市**／國家書店【松江門市】
地址：104 台北市中山區松江路209號1樓
電話：+886-2-2518-0207　傳真：+886-2-2518-0778
**網路訂購**／秀威網路書店：https://store.showwe.tw
國家網路書店：https://www.govbooks.com.tw

**出版日期**／2020年9月　BOD一版　**定價**／340元

獨立作家
Independent Author
**寫自己的故事，唱自己的歌**

粉碎中國野心：共建台日聯合防線 / 日本戰略研究論壇編；林彥宏, 徐浤馨譯. -- 一版. -- 臺北市：獨立作家, 2020.09
面；　公分. -- (台灣安保叢書；9)
BOD版
ISBN 978-986-99368-0-4(平裝)

1.中華民國外交 2.中日關係 3.兩岸關係

578.2　　109010892

國家圖書館出版品預行編目

# 讀者回函卡

感謝您購買本書，為提升服務品質，請填妥以下資料，將讀者回函卡直接寄回或傳真本公司，收到您的寶貴意見後，我們會收藏記錄及檢討，謝謝！

如您需要了解本公司最新出版書目、購書優惠或企劃活動，歡迎您上網查詢或下載相關資料：http:// www.showwe.com.tw

您購買的書名：________________________________

出生日期：________年________月________日

學歷：□高中（含）以下　□大專　□研究所（含）以上

職業：□製造業　□金融業　□資訊業　□軍警　□傳播業　□自由業

□服務業　□公務員　□教職　□學生　□家管　□其它_____

購書地點：□網路書店　□實體書店　□書展　□郵購　□贈閱　□其他

您從何得知本書的消息？

□網路書店　□實體書店　□網路搜尋　□電子報　□書訊　□雜誌

□傳播媒體　□親友推薦　□網站推薦　□部落格　□其他__________

您對本書的評價：（請填代號　1.非常滿意　2.滿意　3.尚可　4.再改進）

封面設計____　版面編排____　內容____　文／譯筆____　價格____

讀完書後您覺得：

□很有收穫　□有收穫　□收穫不多　□沒收穫

對我們的建議：________________________________

________________________________

________________________________

________________________________

請貼
郵票

11466
台北市內湖區瑞光路 76 巷 65 號 1 樓
**獨立作家讀者服務部** 收

（請沿線對折寄回，謝謝！）

姓　　名：________________　年齡：________　性別：□女　□男

郵遞區號：□□□□□

地　　址：________________________________

聯絡電話：(日) ________________ (夜) ________________

E-mail：________________________________